复旦大学长三角一体化发展研究院
FUDAN INSTITUTE FOR YANGTZE DELTA INTEGRATION STUDIES

长三角区域发展与一体化评估 2021

● 彭希哲 张延人 / 等著

中国社会科学出版社

图书在版编目（CIP）数据

长三角区域发展与一体化评估.2021 / 彭希哲等著 . —北京：
中国社会科学出版社，2022.1
ISBN 978-7-5203-9625-7

Ⅰ.①长… Ⅱ.①彭… Ⅲ.①长江三角洲－区域经济
发展－评估－ 2021 Ⅳ.① F127.5

中国版本图书馆 CIP 数据核字（2022）第 014929 号

出 版 人　赵剑英
策划编辑　白天舒
责任编辑　刘凯琳
责任校对　党旺旺
责任印制　王　超

出　　　版　中国社会科学出版社
社　　　址　北京鼓楼西大街甲 158 号
邮　　　编　100720
网　　　址　http://www.csspw.cn
发 行 部　010 - 84083685
门 市 部　010 - 84029450
经　　　销　新华书店及其他书店

印　　　刷　北京明恒达印务有限公司
装　　　订　廊坊市广阳区广增装订厂
版　　　次　2022 年 1 月第 1 版
印　　　次　2022 年 1 月第 1 次印刷

开　　　本　650×960　1/16
印　　　张　11.5
字　　　数　131 千字
定　　　价　59.00 元

前　　言

　　长三角地区处于东亚地理中心和西太平洋的航线要冲。自唐朝中后期中国经济重心南移以后，就一直是历代王朝所倚重的核心经济区之一。进入近代，长三角地区凭借地理位置优势和自身良好的社会经济文化基础，一直引领着中国实现社会进步与民族复兴的步伐。20 世纪 80 年代以来，中国成功实现了从高度集中的计划经济体制到充满活力的市场经济体制、从封闭半封闭状态到全方位开放的伟大历史转折。长三角地区再次抓住了改革开放的历史机遇，融入了全球价值链，深度参与全球经济分工，实现了前所未有的经济增长。经过 40 多年的发展，长三角地区作为新时代"一带一路"建设与长江经济带的重要交会区域，在国家经济建设大局和全方位开放格局中占据了举足轻重的地位——如图 1 所示，2020 年该地区进出口总额、第二产业增加值和第三产业增加值分别约占全国的 37%、28% 和 27%。

　　然而，任何既定的经济模式，无论原先有多成功，都需要面对形形色色的新挑战。长三角地区也不例外。目前，挑战主要来自两个方面：一是长三角地区原先的经济增长主要来自承接发达国家和地区的产业转移，这就导致其在国际价值链中的地位较低，生产环节的利润较低，无法让广大劳动者产生获得感，而为此付出的资源和生态代价却非常高，这种增长不具有集约性和可

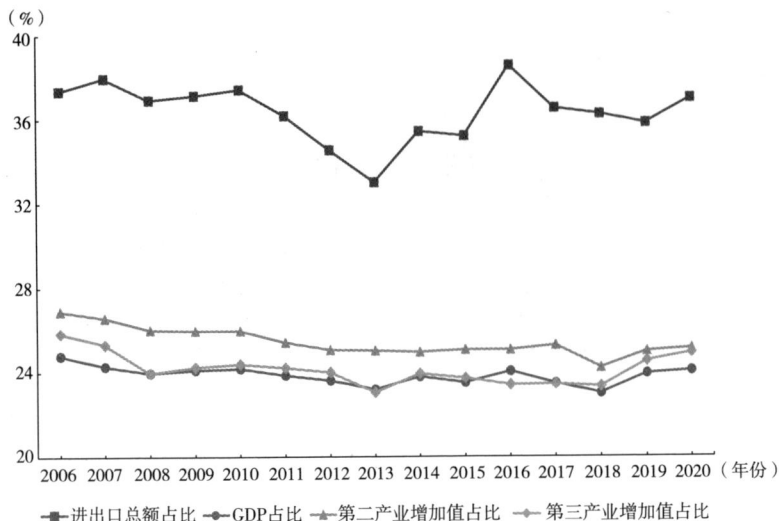

图1 2006—2020年长三角地区主要经济指标占全国的比重

注：基础数据来自长三角三省一市统计年鉴。

持续性；二是随着国际上保护主义和单边主义的抬头，国际环境日益复杂多变，维持原有经济增长模式的世界秩序正在被打破。图2展现了这样一个事实：长三角地区进出口贸易额在自身GDP中所占的比重在最近十几年出现了显著下降，这意味着该地区的经济已从外向型主导转为国内发展与国际联动并重的"双循环"模式，我们认为，这种"双循环"模式能否取得成功的关键在于该地区是否能实现高质量的一体化发展。

在讨论区域一体化战略之前我们有必要先弄清楚一体化的含义。直观地讲，如果某个区域内部的行政区划对该区域内的资源配置没有任何影响，那就说明该区域是完美一体化的。如果有影响，那么影响越大，一体化程度越低。假如你生活在法国，在欧盟内部所有的国家突然都放弃主权和放开边界后，生活没有可以

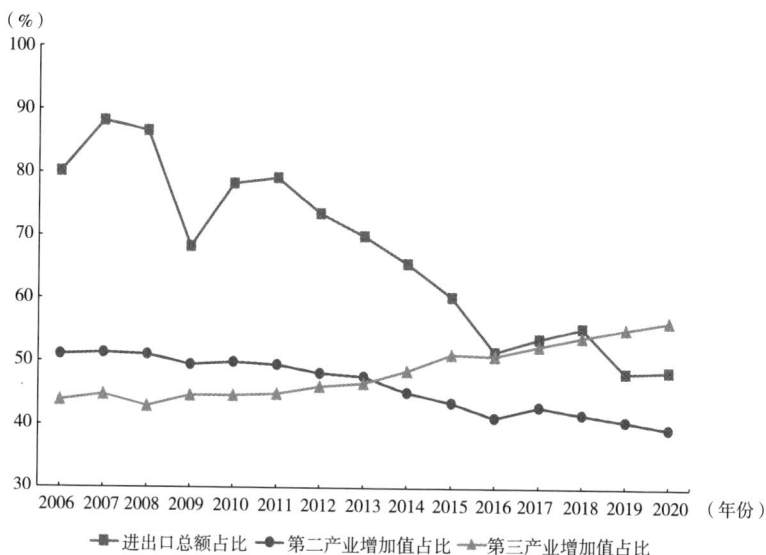

图2　2006—2020 年长三角地区主要经济指标占自身 GDP 的比重

注：基础数据来自长三角三省一市统计年鉴。

被感知的改变——你生活的小区里没有发现增加了很多新面孔；你工作的企业没有计划搬走，或者出现更多的讲德语或者意大利语的同事；超市里的货架上没有出现之前从未看到过的德国或者意大利品牌；环境质量没有变化；法律法规也没改变——那就说明原先欧盟的一体化达到了一个极高的水平；反之，则说明国家之间的行政边界显著影响了资源配置，一体化程度较低。

读者也许会问，为什么长三角地区的一体化对于"双循环"模式的成功至关重要？这背后的经济学原理非常直观。在经济发展起步的"单循环"时期，企业直接承接国际订单，生产完成后再销往国外。这种"两头在外"的模式对国内地区之间的分工协作依赖度很低，而对世界经济的一体化程度依赖度很高。只要劳动作为生产要素的价格较低，企业使用大量普通劳动力生产的低技术产品就会在国际市场上具有竞争力。但是，一方面，随着经济发展水平的提高，劳动者日益无法接受低工资和低福利，这使得我国在低技术行业上的比较优势正在丧失；另一方面，目前国际上反全球化的呼声此起彼伏，少数国家甚至试图和中国在经济上脱钩，鼓吹保护主义和单边主义。面对这样的变局，要在未来的大国竞争中居于不败之地，我们就有必要把核心竞争力从较低的劳动要素价格转向巨大的国内市场规模，充分依靠我国在经济规模和经济制度上的比较优势，用加强一体化国内区域市场的方式来对冲一体化水平退化的国际市场，以内循环的方式重构国内价值链，升级产业结构，实现从中等收入向高收入国家的飞跃。

这种基于市场规模来获取大国竞争优势的战略显然需要分阶段分区域来实施。而长三角地区由于其历史文化传统的相似性和各个省市在发展水平上的一致性，已经具备了在该区域贯彻一体化战略的基本条件。目前，中央对在新发展模式下如何更好地发挥长三角的关键作用给予了高度的重视。2020 年 8 月 20 日，习近平总书记在合肥主持召开扎实推进长三角一体化发展座谈会上提到，长三角区域一体化应加快形成以国内大循环为主体、国内国际双循环相互促进的新发展格局，勇当我国科技和产业创新的开路先锋，加快打造改革开放新高地。[①] 当前国内国际形势的变化更加凸显了长三角一体化的重要性和正确性，并对其赋予了更大的使命。

---

① 新时代学习工作室，"长三角一体化，5 个数字读懂习近平最新部署"，中国共产党新闻网，2020 年 8 月 23 日，http：//cpc. people. com. cn/n1/2020/0823/c164113-31833196. html。

　　为了积极落实国家区域发展战略，加快长三角一体化步伐，复旦大学在上海市教委的支持下整合复旦大学学术资源、融合其文理医工学科优势，建立了复旦大学长三角一体化发展研究院，为长三角一体化发展提供政策建议、决策咨询、规划设计、科研成果转化、产业布局推进等综合服务。该研究院是一个开放式的以决策咨询为主要业务的智库平台。主要利用复旦大学广泛的学术网络，为与长三角一体化研究相关的国内外各类政产学研机构提供学术交流、项目合作、共同研究、数据共享等便利，为政府、企业等提供有前瞻性的发展建言、科学的理论成果和政策主张。

　　经过三年的努力建设，研究院在决策咨询、理论创新、产业落地等方面都达到国内一流智库水平，成为上海及长三角各级政府重要的咨询决策机构。研究院还牵头发起了"长三角高校智库联盟"，以智库联动和业界共治的形式，致力于推动形成开放的能量场，打造"长三角一体化发展思想会客厅"，共同为一体化高质量发展持续赋能。研究院还在学习强国·上海学习平台上开设"高校智库·聚焦长三角""高校智库·长三角一体化"和"高校智库·长三角论坛"专栏，同《人民日报》《光明日报》、新华社等主流媒体及《解放日报》《文汇报》等重要媒体保持合作，在世界著名意见领袖平台上积极发声，及时推介研究成果，大幅提升了跨学科研究成果的媒体影响力和社会影响力。

　　2021年5月，为了进一步落实习近平总书记推进长三角一体化发展的构想，揭示长三角一体化发展水平的现状，为科学决策提供可靠的实证依据，由复旦大学社会科学数据研究中心主任彭希哲教授牵头组织复旦大学各院系从事相关研究的骨干学术力量编写了本书，从产业、人员流动、消费、创新、生态环境治理、绿色发展、政策一体化等多个维度对长三角地区的一体化现状进行了系统性评估。以下是本书各章的基本内容。

在长三角地区的一体化发展进程中，产业发展一体化是重中之重。国民经济的进化过程归根结底是产业的发展过程。产业发展是经济的底层基础。同时，作为一体化的区域，其各自实现自身的产业发展远远不够，还应做到产业在区域内的合理布局，有序分工，协同创新，差异化发展。因此推动产业发展一体化应该成为推动长三角一体化的重要目标之一。在本书的第一章，李玲芳教授领导的项目组对这个领域进行了细致的探讨。

如果产业是生产要素的融合，那么，生产要素流动的一体化程度实际上决定了产业分布的合理性。在本书的第二章，由笔者领导的项目组利用联通手机大数据测度了长三角地区内部人员流动的一体化水平和城市的中心度。研究结果显示，相同距离范围内省内城市之间人员流动和省际城市之间人员流动存在巨大差异，这一差异本质上反映了长三角地区行政区划边界的影响。尽管研究所用的人员流动数据是短期的，但是据其所估计出的跨区域流动的"边界效应"却可以反映出长期的经济布局分割。

如果说要素流动网络代表了产业的输入端，那么，消费网络就代表了产业输出端。构造一体化的消费网络对于我国经济增长的意义重大：一方面，在社会再生产过程中，消费是最终环节，国内循环形成闭环的一大关键便在于消费；另一方面，消费对我国经济的贡献最大，2014年以来持续超过了投资对经济增长的拉动作用。在第三章，张伊娜教授领导的团队利用长三角城市群 41 座城市的个人银行卡刷卡消费的支付数据，分别从规模和流量两个视角对长三角城市群的消费网络结构和关联度进行分析，探究了上海在长三角消费网络中的地位和功能。

本书的前三章以要素—企业—消费为视角，从"静态"的角度审视了长三角内部的协作网络。但是，一个区域的长期发展取决于"动态"的科技创新和产业升级。当前，新一轮科技革命和产业变革方兴未艾，科技创新的范式革命正在悄然兴起。如何促进长三角区域创新资源高效流动和优势互补，推动区域科技创新一体化，打造科技创新共同体，不仅仅是加快培育具有全球影响力的科技创新高地的时代使命，亦是促进区域协调发展、创新发展、可持续发展和高质量发展的客观需要。在第四章，朱春奎教授领导的团队利用专利数据深入研究了这个话题。

习近平总书记早在 2013 年 5 月 24 日中国共产党第十八届中央政治局第六次集体学习时就强调"要正确处理好经济发展同生态环境保护的关系，牢固树立保护生态环境就是保护生产力、改善生态环境就是发展生产力的理念，更加自觉地推动绿色发展、循环发展、低碳发展"。① 本书的第五和第六章就着重研究了长三角地区的环境保护与绿色发展问题。其中复旦大学环境科学与工程系的包存宽教授领导的团队撰写了第五章，复旦大学经济学院的李志青教授领导的团队撰写了第六章。这两个团队的研究内容

---

①　"党中央为何特别重视生态文明建设"，人民论坛网，2017 年 9 月 22 日，http：//www. rmlt. com. cn/2017/0922/497057. shtml。

具有一定的重合性，但在研究方法上存在明显差异。包存宽教授的团队主要基于环境科学的学术背景对生态状况进行技术性的评估，而李志青教授的团队则更多从社会全面发展的角度来进行评估。本书同时引入不同专业背景的团队来考察同一个问题更有助于提升结论的可靠性。

长三角地区的一体化发展并不是一个社会自发实现的结果，而有赖于该地区内各个政府的政策协作。在本书的第七章，牛军钰教授领导的团队以长三角相关省市出台的各项政策为研究对象，综合利用数据采集、案卷研究、舆情分析等方法，围绕促进长三角一体化发展的相关政策开展评估评价，从而检验三省一市在逐步健全区域政策协同机制、一体化政策实施进度、长三角地区民意感知等方面的情况，推动长三角区域政策制定、执行和评估的衔接。

长三角地区在经济活跃性、开放程度和创新能力上引领全国。将长三角一体化发展上升为国家战略，是以习近平同志为核心的党中央在"双循环"新格局下做出的重大战略决策。本书涵盖了长三角地区一体化的各个方面，对于如何贯彻落实新发展理念，打造高质量发展的支撑体系，把长三角地区建设成为我国经济发展强劲、活跃的增长极，给出了复旦学者的初步思考。其中如有不完善之处，欢迎各位读者与同行批评指正，不胜感激。

张延人　复旦大学长三角一体化发展研究院秘书长

2021 年 12 月

目　　录

第一章

长三角一体化：产业发展
与创新评估[*]

第一节　研究意义

　　长江三角洲地区是我国经济发展最活跃、开放程度最高、创新能力最强的区域之一，在国家现代化建设大局和全方位开放格局中具有举足轻重的战略地位。2018 年 11 月，习近平总书记在首届中国国际进口博览会上宣布，支持长江三角洲区域一体化发展并上升为国家战略。[1] 实施长三角一体化发展战略，是引领全国高质量发展、完善我国改革开放空间布局、打造我国发展强劲活跃增长极的重大战略举措。推进长三角一体化发展，有利于提升长三角在世界经济格局中的能级和水平，推进我国参与全球合作和竞争。

---

　　* 本章执笔人：李玲芳，复旦大学管理学院教授，复旦发展研究院数字经济与产业发展课题组主任；陈丽梅，复旦大学管理学院博士研究生；武宇婷，复旦大学管理学院博士研究生。

　　[1]　新时代学习工作室，"长三角一体化，5 个数字读懂习近平最新部署"，中国共产党新闻网，2020 年 8 月 23 日，http：//cpc. people. com. cn/n1/2020/0823/c164113-31833196. html。

在长三角一体化发展进程中，产业发展一体化是重中之重。国民经济的进化过程归根结底是产业的发展过程。产业发展是经济增长的基础。同时，一体化区域内，各省市各自实现自身的产业发展远远不够，还应做到产业在区域内的合理布局，有序分工，协同创新，差异化发展，真正体现"一体化"。因此，推动产业发展一体化应该成为推动长三角一体化的重要目标之一。

在当下，为了更好地推动长三角产业发展的一体化，对长三角区域的产业发展与创新现状进行梳理和评估，对产业布局进行分析，从而探究现存的问题，显得尤为必要。这对于加快长三角区域一体化发展也有重大意义。

第二节　产业发展与创新评估体系

产业"一体化"不等同于产业"一样化"，它要求产业发展有分工有特色，区域间产业协同发展、协同创新，最终实现经济共同发展。因此，评估长三角一体化城市群的产业发展与创新现状，需要从多个方面予以考量。首先，有必要对长三角城市群的整体产业发展状况予以评估。在此基础上，需要考虑城市间产业布局是否协同、是否合理。因此需要评估长三角城市群的产业协同性和差异性，以追求长三角区域在产业布局与分工中的一体性。最后，在产业未来发展潜能上，需要考虑产业发展的创新水平。基于此，本章构建了"产业发展与创新分析体系"，包括产业发展、产业协同与差异以及产业创新三个维度。具体见表1-1。

考虑到数字经济在当前经济发展中的重要地位，因此在产业发展维度下，囊括了数字经济发展这一板块。为评估地区间产业发展的协同性与差异性，首先将从产业结构差异和产业区域专业化程度两个指标予以衡量，其次将从三省一市重点产业布局角度予以分析，特别地，报告分析了高新技术产业开发区主导产业的布局，以评估重点产业布局的重叠性。而在产业创新维度，特意引入了合作创新指标，以评估长三角城市群在创新方面的合作力度。

表1-1　　　　　　　　　产业发展与创新评估体系

维度	指标	指标内容
产业发展	人均产值	人均地区总产值
	产业结构	第二产业与第三产业占比
	规模以上工业企业情况	规模以上工业企业数量、总利润
	外商投资情况	外商直接投资合同项目、当年实际使用外商投资金额
	省级及以上经济开发区情况	省级及以上经济开发区数量
	数字经济发展情况	数字经济综合实力、数字产业化、产业数字化
产业协同与差异	产业结构差异	产业结构差异化指数
	产业区域专业化	区域专业化指数
	城市在产业维度的首位度	首位度指数
	重点产业布局	高新技术产业开发区主导产业分布、国家级经济开发区主导产业分布、以集成电路、人工智能和生物医药为例
产业创新	创新人才	每万人 R&D 研发人员数量
	创新资本	R&D 经费支出/GDP、科创板与中小企业板上市企业总市值/GDP、高新技术企业数量
	创新平台	国家级高新技术产业开发区数量
	创新成果	每万人专利授权数、每万人发明件数、每万人实用新型专利授权数、每万人外观设计型专利授权数
	合作创新	牵头开展跨省合作专利的数量

第三节　指标分析

除特殊注明外，本章所有数据均来源于《中国统计年鉴》《中国城市统计年鉴》、中国各省统计年鉴以及中国具体城市统计年鉴（例如：《杭州统计年鉴》）。因为各城市暂未发布 2021 年统计年鉴（截至本书结稿），因此为了保证前后指标的一致性，统一采用 2020 年统计年鉴，即 2019 年的统计数据。

一　产业发展

（一）长三角城市群整体经济发展领先全国，但存在明显两极分化

中国国内生产总值 2020 年为 101 万亿元，2019 年为 98.6 万亿元，而浙江省 2019 年为 6.2 万亿元，江苏省为 9.8 万亿元，安徽省为 3.7 万亿元，上海市为 3.8 万亿元。长三角 41 个城市 2019 年 GDP 总量为 23.8 万亿元，占到了全国生产总值的 24%（近 1/4）。2019 年，全国人均国内生产总值为 7.06 万元。而在长三角城市群中，23 个城市人均生产总值超过全国平均水平，占比 56%（见图 1-1）。无锡市与苏州市在人均地区生产总值指标中处于领先地位，达到近 18 万元。上海市 15.7 万元，排名第 4。整体而言，江苏省各城市的人均地区生产总值排名靠前，浙江省次之。低于全国平均水平的城市主要是安徽省各城市。这表明在长三角城市群中，安徽省在经济发展中处于相对弱势地位。

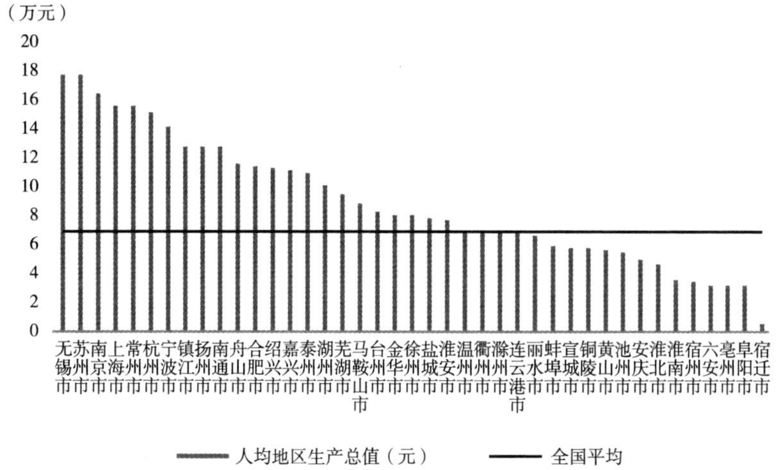

（万元）

图1-1 长三角地区各城市人均地区生产总值

从产业结构来看，长三角城市群的第三产业占 GDP 比重平均为 50.55%，低于当年全国水平 53.9%。经济发展较快的城市，如上海市、杭州市、南京市、合肥市，其第三产业占 GDP 的比重较高，在 60% 以上，上海达到了 72.7%，低于广州市的 74.2% 和北京市的 83.52%。经济发展相对弱势的区域，如滁州市、宣城市、马鞍山市等城市，第二产业占比高于第三产业占比，部分城市甚至超过 50%，表明这些城市偏向于工业型城市（见图1-2）。

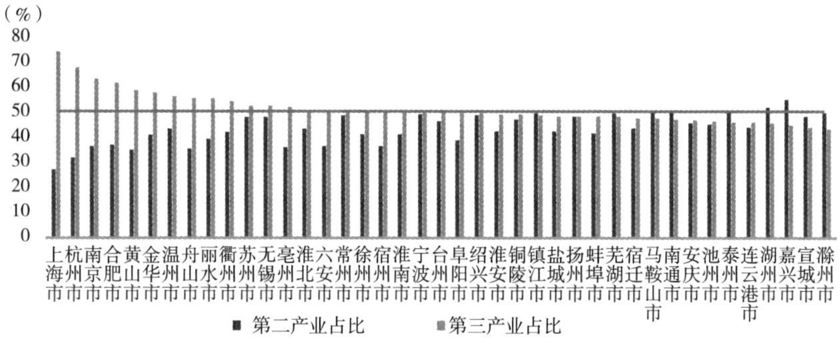

（%）

图1-2 长三角地区各城市产业结构

然而，虽然从产业结构来看部分城市偏向于工业型城市，而另一些城市第三产业占主导地位，但经济发展较快的城市，其工业发展也相对更迅猛（见图1-3）。具体表现在规模以上工业企业的数量与产值都相对较高。例如苏州市、上海市等城市其规模以上工业企业超过8000个，总产值超过3万亿。而像滁州市、宣城市、马鞍山市等城市，虽然第二产业占比高于第三产业，但其规模以上工业企业的数量低于2000个，规模以上工业产值在1000亿至3000亿区间浮动。这表明，长三角一体化的41个城市中，虽然部分城市偏向于工业型城市，但其整体工业发展依然落后于经济发展较快的东部城市。

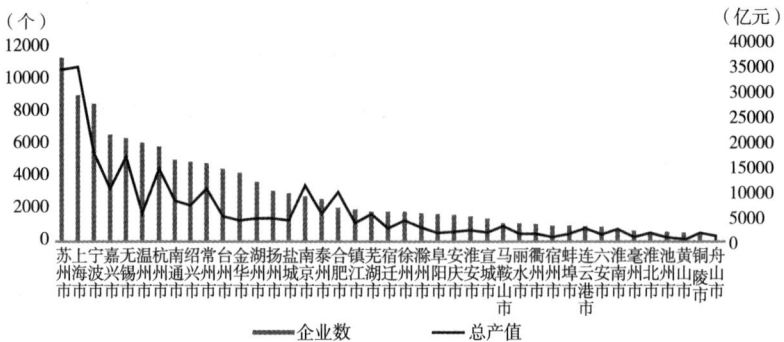

图1-3　长三角地区各城市规模以上工业企业情况

（二）长三角城市群具有吸引外资的显著优势，上海市吸引外资水平遥遥领先

上海市吸引外资能力远高于其他长三角城市。如图1-4所示，2019年，上海市外商直接投资合同项目6800个，实际使用外商投资金额190亿美元。当年全国共吸引外商投资金额1381.3

（个）
8000
7000
6000
5000
4000
3000
2000
1000
0

（万美元）
2500000
2000000
1500000
1000000
500000
0

上苏金宁杭嘉湖绍无常徐盐淮合泰镇温连台舟马滁丽芜六宣安衢淮黄池宿阜铜淮蚌亳
海州华波州兴州兴锡州通州州城安肥州江州云州山鞍州水湖城安庆州北山州州阳陵南埠州
市市市市市市市市市市市市市市市市市市市市港市市山市市市市市市市市市
　　　　　　　　　　　　　　　　　　市　　市

■ 外商直接投资合同项目　　　── 当年实际使用外商投资金额

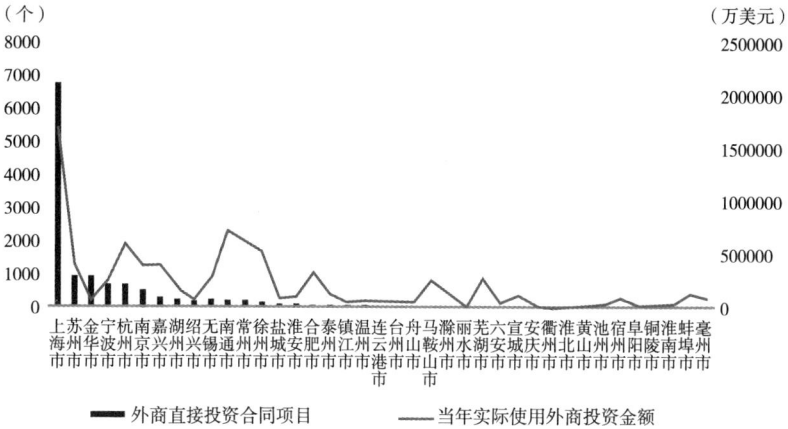

图1-4 长三角地区各城市外商投资情况

亿美元，上海市就占到13.8%。整体而言，长三角城市群在2019年外商直接投资合同项目总个数为14014个，实际使用外资总额为902亿美元，占全国总额的65.3%。虽然长三角城市群整体在吸引外资上具有显著优势地位，但长三角群中投资项目排名第二的苏州市外商投资合同项目仅994个，投资金额为46.2亿美元，与排名第一的上海市存在巨大差距。而在长三角城市群内部，上海市吸引外资能力遥遥领先。除了长三角地区，上海市吸引外资能力还领先全国，2019年当年，北京市实际使用外商投资金额为142.1亿美元，深圳市与广州市当年共使用外商投资金额为149.5亿美元，均远低于上海市的水平。

（三）长三角城市群国家级经济开发区数量领先全国，江苏省经济开发区数量领先其他省市

经济开发区是企业发展的摇篮。根据商务部2019年数据，全国共有219家国家级经济开发区，分布在30个省市。其中江苏省

数量最多，拥有 26 个；浙江省以 21 家国家级经济开发区排名第二；安徽省拥有 12 家，全国排名第 4；上海拥有 6 家，全国排名第 16。整体而言，长三角城市群拥有的国家级经济开发区总量在全国处于领先地位。

从省级及以上经济开发区数量来看，如图 1-5 所示，在长三角一体化 41 个城市中，江苏省所有城市省级及以上经济开发区数量为 106 个，高于浙江省的 81 个和安徽省的 101 个。城市层面，上海市拥有省级及以上经济开发区 23 个，远超其他城市。但是从总量来看，江苏省在国家级和省级及以上经济开发区的数量中具有优势地位。

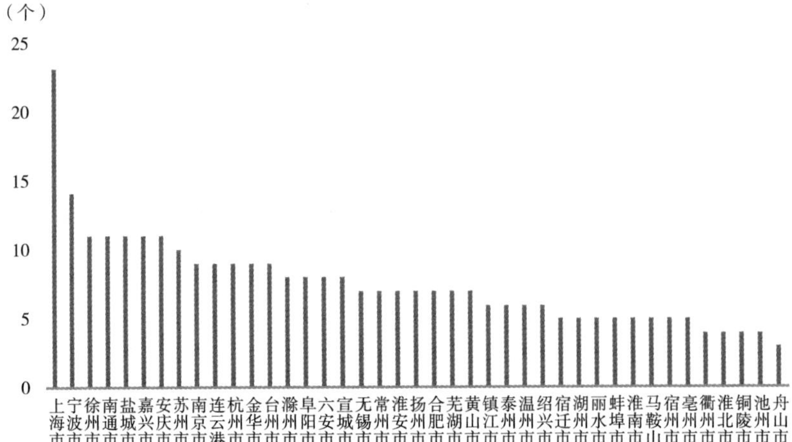

图1-5　省级及以上经济开发区数量

资料来源：各省商务厅网站。

（四）长三角城市群数字经济实力强劲，但也应认识到与北京市、广东省的差距

为了评估长三角地区的数字经济发展，本部分将从数字经济总体水平、数字产业化、产业数字化几个维度予以分析和评估。

　　长三角三省一市的数字经济水平整体领先全国。2019 年，三省一市的数字经济增加值均超过 1 万亿元。而从数字经济占 GDP 的比重来看，2020 年，上海市仅次于北京市，全国排名第 2，数字经济占比超过 50%。浙江省和江苏省排名第 4 和第 5，数字经济占 GDP 比重超过 40%。根据中国信通院 2020 年 12 月发布的《中国区域与城市数字经济发展报告》，综合数字创新要素、数字基础设施、核心数字产业、数字融合应用、数字经济需求和数字环境政策等几个方面，对各省份的数字经济竞争力指数进行了排名。名单前 15 位见表 1-2。其中上海市、江苏省和浙江省分别名列第 3、第 4、第 5 位。而安徽省排名第 12。因此，长三角地区整体数字经济竞争力较强。

表 1-2　　　　　各省市数字经济竞争力指数排名前 15 位

排名	省/市	数字经济竞争力指数
1	广东	85.56
2	北京	84.19
3	上海	82.17
4	江苏	81.83
5	浙江	78.40
6	山东	76.46
7	天津	74.93
8	福建	74.55
9	四川	73.62
10	重庆	73.57
11	湖北	73.47
12	安徽	72.14

续表

排名	省/市	数字经济竞争力指数
13	河南	70.78
14	陕西	70.57
15	湖南	69.59

资料来源：中国信通院，《中国区域与城市数字经济发展报告（2020）》。

在数字产业化方面，江苏省是信息化产业强省。2019 年江苏省数字产业化增加值超过 1.5 万亿元；而浙江省、上海市和安徽省数字化产业增加值均超过 1000 亿元。虽然增加值不高，但上海市在数字产业化方面也具有优势：上海市企业的研发能力较强。2020年，上海市软件和信息技术服务业有专利企业占比为 4.62%，比全国水平高 77.77%。以芯片产业为例，2018—2020 年，上海市占全国芯片企业交易金额的 27.06%，江苏省占 15.01%。而在交易笔数地区分布中，上海市和江苏省两地共占到全国的 49%。由此可见，长三角地区上海市和江苏省两地引领数字产业化发展。

在产业数字化方面，从总量来看，2019 年江苏省、浙江省产业数字化增加值规模均超过 2 万亿元，上海市产业数字化增加值规模也超过 1 万亿元。从占 GDP 比重来看，上海市产业数字化增加值占 GDP 的比重最高（超过 40%），浙江省占 GDP 的比重均超过 30%。从第二产业产业数字化行业代表工业互联网来看，根据 2021年天眼查和亿欧智库发布的联合报告，上海市工业互联网相关企业数量 547 家，位居全国第 3，仅低于广东省和北京市（见图 1-6）。其中有专利的企业占比为 57.53%，低于全国水平；拥有 3 个及以上专利的企业占比 50.28%，高于全国水平。江苏省工业互联网相关企业数量 500 家，排名第 4；浙江省 416 家，排名第 5；安徽省

147家，排名第9。长三角三省一市在工业互联网相关企业数量中排名都较靠前，但与广东省、北京市都还存在明显差距（见图1-6）。因此长三角地区有必要在这方面发力。从第三产业产业数字化行业代表电商来看，长三角地区拥有不可比拟的优势。上海市电商行业相关上市企业占比为0.07%，高于全国水平；已融资企业占比达0.37%，远高于全国水平的0.10%。据商务部数据，2019年上海市全年电子商务交易额达到33186亿元，同比增长14.7%。此外，江苏省与浙江省也是电子商务大省。以浙江省为例，电商龙头企业阿里巴巴落户于杭州市，浙江义乌小商品城商品远销国内外，等等。因此，长三角地区在电商产业发展中具有较大优势。

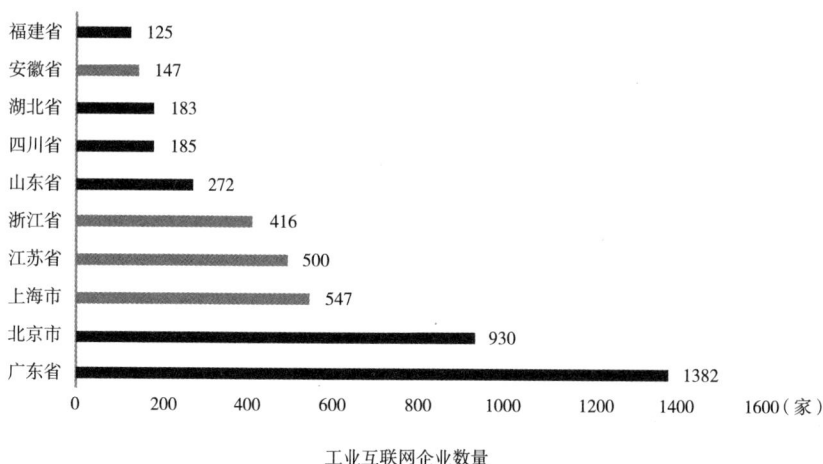

图1-6 全国工业互联网企业数量排名前10

资料来源：天眼查@专业版，亿欧智库。

整体而言，长三角地区中上海市、浙江省和江苏省数字经济综合实力雄厚，数字经济竞争力排名靠前。但应认识到与数字经济大省/市的广东省与北京市也存在一定差距。因此，长三角地区作为一个整体，应增强产业优势，如数字产业化，弥补产业相对弱势，如工业互联网，力争成为国内数字经济领头羊。

综上，长三角城市群整体产业发展较好，在人均产值、工业发展、国家级经济开发区数量、吸引外资以及数字经济发展综合实力等方面都处于全国领先地位。但长三角城市群内部发展并不均衡，上海市和江苏省各城市在人均产值、工业发展和数字经济发展等方面都具有明显优势。但值得注意的是，长三角产业发展一体化并不等价于各个城市产业发展的均衡化，而是更强调产业的合理布局。因此本章在下一部分将关注各省份的产业布局和产业分工，以评估长三角城市群产业发展的协同性和差异性。

二 产业协同与差异

（一）长三角区域地区间产业结构相似性较高

长三角一体化要求产业合理布局。这要求不同地区的产业结构要存在差异，如果结构过于趋同，则会出现长三角城市群内部恶性竞争的情况。为了对此进行衡量，本节构建了产业结构差异化指数，其计算方式如下：

$$S_{jk} = \sum_i \left| \frac{q_{ij}}{q_j} - \frac{q_{ik}}{q_k} \right| \qquad (1-1)$$

其中 j、k 代表区域，在本节中特指三省一市，i 代表产业（包括第一产业、第二产业和第三产业）。q_{ij} 和 q_{ik} 分别代表 j 地区和 k 地区的 i 产业的产值。q_j 与 q_k 表示 j 地区和 k 地区的总产值。因此式（1-1）实则是 j 地区和 k 地区在各个产业产值份额的绝对差异的总和。公式（1-1）直接衡量的是两个地区间产业结构的差异程度，如果区域 j 和区域 k 有完全相同的产业结构，也就是说，对所有的产业 i，产值份额都是一样的，那么 $S_{jk}=0$；如果两个区域的产业结构毫不相关，$S_{jk}=2$，即 $0 \leqslant S_{jk} \leqslant 2$，指数值越高，两地区的分工程度越高。

报告对长三角囊括的三省一市两两之间的地区专业化指数进行了测算，结果见表1-3。可以看到，上海市与浙江省、上海市与安徽省以及上海市与江苏省的产业结构均存在较明显的差异。具体而言，上海市的服务业占比远高于其他省份，因此上海市与其他省份在三次产业维度上的产业竞争相对较小。但江苏省、浙江省和安徽省三省之间的产业结构差异化指数都非常小，地区之间产业结构非常相似，可能会存在产业竞争、内耗的情况。具体而言，这些省份的三次产业对 GDP 的贡献率都较接近，因此在三次产业维度上的产业结构相似性较高。但其是否真的存在较高的产业竞争性，还需要对具体的细分产业布局进行分析。

表1-3　　　　　　　　　产业结构差异化指数得分

	上海市	江苏省	浙江省
江苏省	0.43		
浙江省	0.37	0.06	
安徽省	0.44	0.07	0.09

注：数值来源：《中国城市统计年鉴》和中国各省统计年鉴的产业产值，由笔者计算得到。

（二）长三角区域内地区间存在细分产业布局差异与产业分工现象

为了更细致地评估地区是否在某一具体行业上具有区域专业性，报告构建了区域专业化指数：

$$\beta_{ij} = \frac{q_{ij}/q_i}{q_j/q} \qquad (1-2)$$

其中 i 代表具体产业，例如制造业、金融业等；j 代表地区，本报告中特指三省一市。q_{ij} 表示 j 地区 i 产业的产值。q_i 代表 i 产业的总产值。q_j 代表 j 地区的总产值。q 则表示所有地区所有产业的总产值之和。式（1-2）衡量的是产业地方专业化程度，如果一个行业根本不是地方性的，而是与整个经济成比例地散布在长三角区域，那么该行业的地方专业指数就是 1。β_{ij} 越大，表明产业在该地区的专业化程度越高。因为统计年鉴中并没有汇报各个细分行业的产值，因此我们以各个行业的年末就业人数代替产值。

行业区域专业化指数计算结果如表 1-4 所示。不同省市对不同细分行业的布局存在侧重。例如农、林、牧、渔业在长三角地区就主要布局在浙江省。采矿业则高度集中于安徽省。信息传输、软件和信息技术服务业在长三角地区主要集中于上海市。金融业在上海市、江苏省和浙江省分布相对较均衡。而房地产业、租赁与商务服务业，以及科学研究和技术服务业，在长三角地区主要集中在上海市。因此从区域专业化指数来看，上海市的地区专业化产业较多，且多集中于服务业。其他三个省市的专业化产业存在重叠部分，但也各有自身侧重行业。因此从这一维度来说，长三角城市群的细分产业发展存在一定差异，说明地区之间存在一定程度的产业分工。

表1-4　　　　　　　　区域专业化指数

	农、林、牧、渔业	采矿业	制造业	电力、热力、燃气及水生产和供应业	建筑业	批发和零售业	交通运输、仓储及邮政业	住宿和餐饮业	信息传输、软件和信息技术服务业	金融业
上海市	0.51	0.03	0.57	0.44	0.60	1.39	1.77	1.45	1.96	1.43
江苏省	0.03	1.10	1.13	1.80	1.63	0.35	0.94	0.43	0.88	1.31
安徽省	0.09	8.93	0.73	3.01	1.54	0.36	1.06	0.30	0.57	1.80
浙江省	1.64	0.12	1.15	0.62	0.85	1.18	0.74	1.14	0.76	0.62

	房地产业	租赁与商务服务业	科学研究和技术服务业	水利、环境和公共设施管理业	居民服务、修理和其他服务业	教育	卫生和社会工作	文化、体育与娱乐业	公共管理、社会保障和社会组织	
上海市	1.68	2.17	1.92	1.77	1.29	0.74	0.98	1.20	0.61	
江苏省	0.93	0.66	0.88	1.10	0.15	1.81	1.64	0.84	1.74	
安徽省	1.29	0.60	0.79	1.59	0.16	2.61	2.25	0.78	2.69	
浙江省	0.74	0.76	0.75	0.60	1.31	0.58	0.60	1.02	0.63	

注：数值来源：《中国城市统计年鉴》各行业年末就业人数，由笔者自行计算得到。

整体而言，虽然从产业结构看长三角各个地区的产业结构相似性较高。但从细分行业布局角度看，各个省市有各自侧重的专业化产业，一定程度上体现了长三角城市群的产业差异性发展和区域产业分工。那么长三角地区各省市在未来重点产业布局上是否会更加追求地区间的协同性和差异性呢？接下来本章将从上海市、浙江省、江苏省和安徽省未来重点产业布局的角度予以分析。

（三）浙江和江苏两省部分产业主要集中在核心城市

为了了解各个省份内部产业是否主要集中于几个核心城市，

本节借鉴了城市首位度的概念，构建了如下指标。

$$\gamma_{ij} = \frac{q_{ijc}}{q_{ijc'}} \qquad (1-3)$$

其中γ_{ij}衡量产业i在省份j集中在核心城市的比例，q_{ijc}表示核心城市c在产业i上的产能，而$q_{ijc'}$指该省除核心城市外，其他所有城市在产业i上的产能。以浙江省为例，选择的核心城市为杭州市和宁波市，则计算的指标为杭州市和宁波市在某产业i上的产能除以该省其他所有地级市在该产业上的产能之和。同理，江苏省选择的核心城市是南京市和苏州市；安徽省是合肥市和芜湖市。γ_{ij}越高，则表示省份j在产业i上的产能主要集中于核心城市。因为各个产业的产能数据不可得，本节用该产业年末就业人数予以代替。最终计算结果如表1-5所示。

如表1-5所示，江苏省和浙江省一些主要的产业，例如制造业、信息传输、软件和信息技术服务业、金融业、房地产业等都主要集中在核心的两个城市。这意味着浙江省与江苏省省内城市发展不协调，多数产业主要集中于核心城市。而安徽省因为整体就业人数都较低，方差较小，所以没有发现明显的集中。

表1-5　　　　　　　　各省产业集中在核心城市的程度

行业	农林牧渔业	采矿业	制造业	电力、热力、燃气及水生产和供应业	建筑业	批发和零售业	交通运输、仓储及邮政业	住宿和餐饮业	信息传输、软件和信息技术服务业
江苏省：南京市+苏州市	0.01	0.08	0.72	0.49	0.31	0.42	0.80	0.68	2.69

行业	农、林、牧、渔业	采矿业	制造业	电力、热力、燃气及水生产和供应业	建筑业	批发和零售业	交通运输、仓储及邮政业	住宿和餐饮业	信息传输、软件和信息技术服务业	
浙江省：杭州市+宁波市	0.10	0.17	0.54	0.40	1.18	0.18	0.51	1.43	3.39	
安徽省：合肥市+芜湖市	0.08	0.00	0.13	0.08	0.12	0.12	0.13	0.10	0.08	

行业	金融业	房地产业	租赁与商务服务业	科学研究和技术服务业	水利、环境和公共设施管理业	居民服务、修理和其他服务业	教育	卫生和社会工作	文化、体育与娱乐业	公共管理、社会保障和社会组织
江苏省：南京市+苏州市	0.78	1.53	0.84	0.72	0.48	0.06	0.60	0.58	0.81	0.52
浙江省：杭州市+宁波市	0.98	1.18	1.33	1.26	0.58	0.42	0.53	0.68	0.57	0.43
安徽省：合肥市+芜湖市	0.14	0.14	0.10	0.10	0.18	0.27	0.15	0.15	0.14	0.14

注：数值来源：《中国城市统计年鉴》各行业年末就业人数，由笔者自行计算得到。

（四）重点产业布局

表1-6总结了长三角各省市未来要重点发展的产业。根据长三角各省市对未来重点产业的布局，三省一市在重点产业的选择中既存在相同产业，也有地方特色产业。

所有省市都高度重视高端新兴产业和前沿科技领域的发展，例如人工智能、集成电路、生物医药、新材料、新能源等产业。但各省也结合自身特点，筛选特色的重点产业；上海市着重布局时尚消费品，这与上海市开放、服务型城市的特点是分不开的；

浙江省也大力发展智能家居和现代纺织业；江苏省发展新型显示、高端纺织业；安徽省强调培育智能家电业等。这些产业的选择与各省市以往的产业基础以及产业特色是紧密相关的。因此，从重点产业的布局来看，长三角三省一市一方面在追求高端新兴产业的集聚效应，例如集成电路、人工智能、生物医药；另一方面也在大力培育各自的特色产业，实现差异化发展。

表1-6 　　　　　　　　　　长三角地区重点产业布局

省/市	文件与时间	重点产业
上海市	《中共上海市委关于制定上海市国民经济和社会发展第十四个五年规划和二〇三五年远景目标的建议》，2020年12月	集成电路、生物医药、人工智能、电子信息、汽车、高端装备、先进材料、生命健康、时尚消费品
浙江省	《中共浙江省委关于制定浙江省国民经济和社会发展第十四个五年规划和二〇三五年远景目标的建议》，2020年12月　《浙江省实施制造业产业基础再造和产业链提升工程行动方案（2020—2025年）》，2020年8月	数字安防、集成电路、网络通信、人工智能、生物医药、新材料、节能与新能源汽车、智能装备、智能家居、现代纺织、绿色环保、航空航天、海洋装备
江苏省	《中共江苏省委关于制定江苏省国民经济和社会发展第十四个五年规划和二〇三五年远景目标的建议》，2020年12月　《省政府办公厅关于印发江苏省"产业强链"三年行动计划（2021—2023年）的通知》2020年9月	特高压、物联网、新材料、生物医药、集成电路、船舶海洋工程装备、高端装备（航空）、节能环保、核心信息技术（人工智能、5G、大数据）、新能源汽车、新型显示、绿色食品、高端纺织
安徽省	《中共安徽省委关于制定安徽省国民经济和社会发展第十四个五年规划和二〇三五年远景目标的建议》2020年12月	新一代信息技术、人工智能、新材料、节能环保、新能源汽车和智能网联汽车、高端装备制造、智能家电、生命健康、绿色食品、数字创意

1. 高新技术产业开发区主导产业分布

为进一步了解各省未来重点产业布局，本章进一步查看了各省高新技术产业开发区的主要产业分布情况。本章总结了被设置为主导产业频次最高的前十二个产业（其他所有产业都只有单个省市提及，因此不予列举，其他未提及的产业仅占所有主导产业的33%），见表1-7。以装备制造业为例，该产业在安徽省、江苏省和浙江省三个省份的部分高新技术产业开发区中都设为主导产业，其中安徽省有4个高新技术产业开发区将装备制造业设为开发区主导产业。而对于电子信息产业，三省一市共有10个高新技术产业开发区将其视为主导产业，并且分布在各个省市的高新技术产业开发区。整体而言，从表1-7可见，各个省市高新技术开发区设置的主导产业在主要重点产业，例如装备制造、电子信息、新材料、生物医药、汽车等产业上都存在重叠。而少数产业，如通用设备，电子设备等产业只有单个省市的高新技术产业开发区设为主导产业，说明为该省市的特色差异化产业。因此，在重点产业布局上，从高新技术产业开发区设置的主导产业来看，三省一市在主要重点产业上也存在较高的重叠，说明长三角地区内部存在潜在竞争可能。

表1-7　　　　　各省高新技术产业开发区主导产业分布

主导产业	装备制造	电子信息	新材料	通用设备	新能源	电子设备	生物医药	汽车	软件	节能环保	电气机械器材	医药
安徽省	4	2	2				1	1		1		1
江苏省	6	5	3	5	1	4	1	1	1		2	1
上海市		1		1			1		1			
浙江省	2	2	4		3		1	1	1	2		
总计	12	10	9	5	5	4	4	3	3	3	2	2

资料来源：《中国开发区审核公告目录》（2018年）版。

2. 国家级经济开发区主导产业分布

从三省一市国家级经济开发区主导产业的分布来看，情况则好很多。本节总结了被设置为主导产业频次最高的产业（其他所有产业都只有单个省市提及，因此不予列举，但占所有主导产业的69%），见表1-8。从表中可以看到，装备制造依然是被提及频率最高的主导产业，并且除江苏省以外，其他省市都有国家级经济开发区提及。但整体而言，相比于高新技术产业开发区，各省市国家级经济开发区更加注重发展当地特色产业，因此其主导产业在省市之间的重叠度整体不高。这进一步说明，各省份只在重点产业布局上存在较高的替代性。

表1-8   **各省市国家级经济开发区主导产业分布**

主导产业	装备制造	新材料	电子信息	生物医药	新能源	新材料电子信息	电气机械器材	精密机械	光伏	机械	汽车
安徽省	2				1					1	1
江苏省											
上海市	6	3	3	2	2	2	1	2	2	1	
浙江省	3	3	1	1			1				1
总计	11	6	4	3	3	2	2	2	2	2	2

那么对于长三角地区各省市都视为重点的产业，例如集成电路，是否真的实现了长三角地区的整体集聚效应？各省市之间是协同并进还是相互竞争？接下来本书将通过重点分析集成电路、人工智能和生物医药产业，来窥探一二。

3. 集成电路产业

长三角地区的集成电路产业规模居于全国领先水平。2020 年 1 月至 11 月，长三角三省一市集成电路总产量为 1160.49 亿块，占全国总产量的 49.6%。其中江苏省是我国集成电路产业规模第一大省，集成电路累计产量占到全国的 31.9%。上海市和浙江省分别占比 11.1% 和 6.2%。安徽省产量较低，仅占全国比 0.3%。而根据芯片企业交易金额和交易笔数的地区分布，上海市和江苏省占到全国总金额和总笔数均超过 40%。截至 2020 年年底，江苏省半导体企业数量超过了 1600 家，占全国半导体企业总数的 21%；上海市的集成电路产业规模达到 2000 亿元，已经集聚了超过 600 家半导体企业。与此同时，浙江省集聚了 500 多家企业，安徽省则集聚了 200 多家企业。从半导体 A 股上市公司数量来看，全国 83 家半导体上市企业中，上海市有 19 家，江苏省 16 家，浙江省 6 家，安徽省没有。长三角三省一市 A 股半导体上市企业数量占到全国近一半。因此，整体而言长三角地区是我国集成电路产业的主要聚集地。

为了评估长三角在集成电路产业的一体化程度，有必要从产业链上下游的角度了解三省一市的集成电路产业布局。上海市、江苏省和浙江省共 41 家 A 股上市企业的产业链布局如表 1-9 所示。上市公司中，上海市和江苏省都具有较完整的半导体产业链。其中上海市半导体产业上市公司主要集中在中游的芯片设计环节。而江苏省分布相对均匀，在中游的封测环节也有布局。浙江省的半导体上市企业则集中在上游的设备和材料环节。在半导体上游环节，浙苏沪三地上市公司的总市值如图 1-7 所示。上海市在 2019 年半导体上游企业上市总市值远远抛开浙江省和江苏省两省，这主要是由于上海市中微公司和沪硅产业在 2019 年和 2020 年上市。在中游芯片设计和制造领域，浙苏沪企业集中在 2019 年和 2020 年上市。因此本部分汇总了 2020 年度，三地中游芯片设计和制造领域上市公司的市值情况（见表 1-10）。可以看到，上海市的中芯国际（上海）和韦尔股份总市值遥遥领先其他企业，其次是江苏省的卓胜微和上海市的澜起科技。这表明，在长三角地区，上海市的芯片设计环节拥有较多龙头企业，具有优势地位。

表 1-9　　　长三角地区半导体 A 股上市企业主要产业链环节分布

	上游		中游			
	半导体设备	半导体材料	半导体授权	芯片设计	晶圆制造	封测
上海市	3	3	1	10	1	0
江苏省	0	6	1	5	1	5
浙江省	3	2	0	2	1	1

资料来源：Wind，由笔者整理。

表 1-10　　　　　浙苏沪半导体中游上市公司 2020 年市值

	企业简称	市值（亿元）
浙江省	士兰微	328.02
	立昂微	482.30
上海市	聚辰股份	72.69
	中颖电子	91.04
	富瀚微	96.42
	晶丰明源	106.01
	博通集成	118.29

续表

	乐鑫科技	118.95
	晶晨股份	323.67
	芯原股份	391.23
	澜起科技	936.39
	韦尔股份	2005.02
	中芯国际	4448.77
江苏省	卓易信息	48.35
	扬杰科技	209.71
	捷捷微电	213.59
	华润微	759.83
	卓胜微	1026.97

资料来源：Wind。

（市值：亿元）

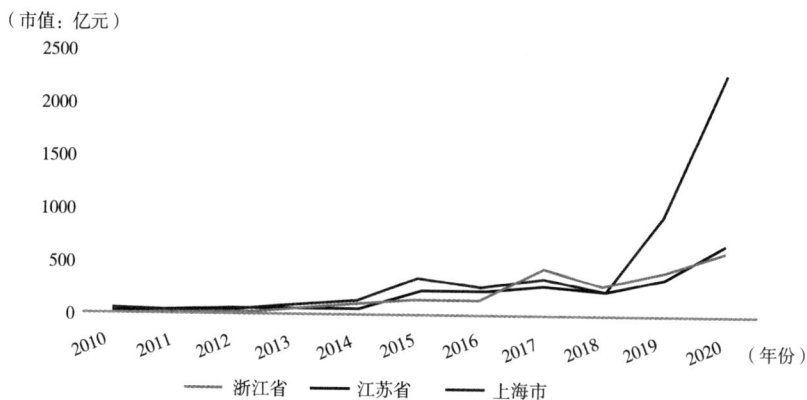

图1-7　浙苏沪半导体上游上市公司总市值变化

资料来源：Wind。

长三角地区所有半导体企业（包含未上市企业）在产业链各环节占全国企业总数的比例见表1-11。从企业数量上看，三省一市在半导体上游和中游环节企业分布都相对均衡。但各个地区半导体产业各具特色。上海市拥有大陆地区最完整的产业链，从上游的原材料、设备，到中游的芯片授权、设计、制造和封测，几乎各个环节都有国内领先的企业。江苏省的半导体产业链也较完整，不同城市产业布局各具特色：其中无锡市是集成电路的先行者，拥有领先的封测技术，主要企业包括全志科技、艾为电子、SK海力士、华进半导体、罗姆等；南京市是百花齐放的芯片设计之都，主要企业包括新思科技、台积电、紫光、中兴微、北方集成电路等；苏州市则打造了强大的半导体材料和芯片制造产业，主要企业包括英飞凌、AMD、飞兆、瑞萨、恩智浦、日月新等。浙江省在半导体上游材料和设备领域具有一定优势，龙头企业如长川科技、江丰电子、立昂微等。而浙江省以阿里巴巴为首的众多互联网企业也在积极布局半导体产业。安徽省相比于浙苏沪三地，在半导体产业的整体实力相对较弱。

表1-11　　　长三角三省一市半导体产业各环节企业数量分布　　单位：%

半导体企业数量占比		上海市	浙江省	江苏省	安徽省
上游		8.06	7.77	22.40	2.97
中游	全环节	8.73	6.59	19.99	3.83
	芯片环节	22.81	16.37	23.98	8.19

资料来源：企查查。

总结而言，长三角三省一市在半导体产业上的发展各具特色，既有相互重叠的产业链环节，但也有地区优势环节，如江苏省的封测技术、浙江省的半导体材料和上海市的芯片设计。从2020年上半年浙江省、江苏省和安徽省三省签署的半导体项目来看，江苏省在上游的材料、设备环节共引进了 9 个项目，排名第 1，封测环节的项目有 6 个，排名第 2。而浙江省则主要引进了中游的芯片设计和制造环节的项目，共计 6 个，排名首位，其次是上游材料环节的项目，共两个。而安徽省则在封测、芯片制造、材料等环节均有签署项目。由此可见，各省在布局半导体产业时，首先考虑的是补齐短板，其次是增强长板。从这一点出发，长三角各个地区的半导体产业发展都有各个地区自身的考量，而产业一体化并未完全体现。但不可否认，长三角地区也在寻求半导体产业的集聚与融合发展。例如中芯国际在宁波市投建了 8 寸晶圆生产基地，上海华虹集团 2019 年在无锡投资了 25 亿元进行 12 寸晶圆的生产；上海韦尔半导体 2019 年在无锡设厂，从事芯片设计。另外，长三角集成电路产业公共服务机构联盟等的成立，也意味着三省一市在集成电路一体化发展中向前迈进一步。

4. 人工智能产业

长三角地区人工智能产业发展迅猛。截至 2020 年年底，上海市已经聚集超过 1100 家行业重点企业，2020 年人工智能产业规模近 2000 亿元，聚集 10 万产业人才，成为全国人工智能发展的领先地区之一。根据人工智能研究院发布的《中国新一代人工智能科技产业区域竞争力评价指数（2020）》，上海市竞争力位于国内第一梯队，次于北京市、广东省，排名第 3。浙江省也是人工智能大省，其区域竞争力指数排名全国第 4，与上海市同属于全国第一梯队。截至 2019 年年底，浙江省人工智能产业企业已达 482 家，实现总营业收入 1987.37 亿元，形成千亿级产业规模。

江苏省和安徽省相比于其他两个地区，实力较弱，在人工智能产业区域发展竞争力评价指数中同属于国家第二梯队，分别排名第6和第9。其中江苏省人工智能核心产业规模已接近千亿级。然而，在经济圈人工智能科技产业区域竞争力排名中，京津冀总评分为96.4分，位列首位，长三角77.0分仅排第2。虽然长三角区域人工智能产业竞争力优于珠三角和川渝经济圈，但与京津冀仍存在差距。

　　着眼于长三角地区，三省一市当前在人工智能产业链分布上也不尽相同。从A股人工智能上市公司的角度来看，全国在人工智能板块共有36家上市公司。其中长三角地区共有12家，占比为1/3。12家上市公司的产业链分布如表1-12。可以看到，浙江省6家上市公司中，有4家是人工智能应用层的企业。其中海康威视是"人工智能+安防"领域的龙头企业。上海市3家上市公司主要是基础和核心技术层，未涉及应用层。安徽省则有两家从事核心技术研发，1家为人工智能应用领域。其中，科大讯飞是语音识别领域的龙头企业。图1-8是三省一市人工智能A股上市公司的总市值变化。浙江省平均市值最高，安徽省次之。这主要是由于浙江省海康威视和恒生电子的市值明显高于其他公司，领跑浙江省人工智能总市值。而安徽省则依赖于科大讯飞在股市的强劲表现。因为A股上市公司数量有限，因此很难只依据上市公司的数据判断各省市的产业链分布情况。因此接下来本书将关注三省一市在人工智能产业的整体布局。

表1-12 长三角地区人工智能A股上市企业所处产业链环节

	企业简称	产业链环节
浙江省	海康威视	应用层—安防
	思创医惠	应用层—医疗、商业物联
	慈星股份	应用层—纺织机械
	恒生电子	应用层—金融
	浙大网新	技术层—云计算平台
	虹软科技	技术层—计算机视觉
上海市	海得控制	技术层—云平台服务
	科大智能	基础层—计算机系统
	富瀚微	基础层—芯片
安徽省	江南化工	应用层—工业
	科大讯飞	技术层—语音识别
	中电兴发	技术层—人脸识别、图像分析

资料来源：Wind，由笔者整理。

上海市人工智能生态圈分布较均衡，在人工智能基础层、核心技术层和应用层都有布局，且涌现出一批代表性企业。整体而言，上海市人工智能产业规模较大，且产业链布局较完整。

浙江省已经形成以杭州市为核心的人工智能产业区域集聚，并且初步形成了从核心技术研发、智能终端制造到行业智能化应用的完整产业链。但相对于基础和核心技术圈层，浙江省在人工智能应用领域更加突出，集聚了一批如阿里巴巴（蚂蚁金服）、海康威视、新华、网易等在内的行业应用标杆企业。尤其是智慧安防产业，占领全球30%以上的市场。浙江省在2020年发布了本省人工智能产业年度报告，并指出浙江省人工智能产业的发展趋势：一是核心技术的突破，二是通用性人工智能操作系统和控制

（市值：亿元）

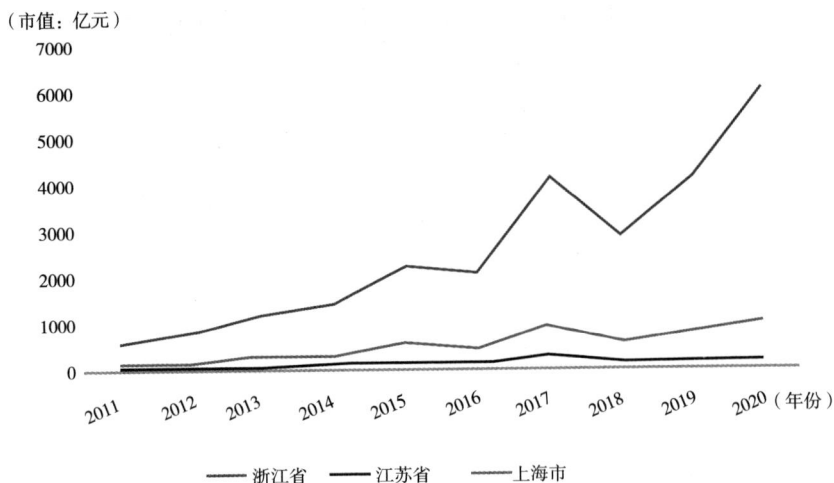

图1-8 长三角三省一市人工智能领域上市公司总市值变化

资料来源：Wind。

软件将实现应用，三是人工智能行业应用将加速。这一发展趋势的预测实则暗示浙江省在人工智能产业的布局：浙江省未来希望首先在核心技术领域取得突破，特别是在强人工智能领域的核心技术上抢占先机，从而增强全省人工智能产业链。

江苏省属于人工智能科技区域产业竞争力第二梯队，已经初步形成覆盖基础层、技术层和应用层的产业链。但是江苏省代表性企业多为初创企业，还未产生一批龙头骨干企业。同时，虽然产业链初步形成，但在各个环节都存在问题。在基础层，基础算法、AI芯片、大数据等核心技术支撑不足；在技术层，主要以语音识别、机器视觉、人脸识别等单一领域的技术开发为主，代表性企业如语音识别领域的思必驰、机器视觉领域的征图新视、人脸识别领域的千视通等。因此人工智能的应用场景也相对单一，省内企业主要集中在教育、安防、医疗、健康、家居等行业应用端。整体而言，江苏省已初步形成人工智能产业链，其核心技术优势体现在语音识别、计算机视觉、机器人等领域。但技术相对单一，且目前多以初创企业为主。

安徽省相对于长三角其他省份，人工智能整体实力相对最弱，代表性企业数量较少。其中科大讯飞在语音合成、语音识别、口语评测、语音转写、机器翻译、感知智能、认知智能等领域技术国际领先。全国唯一定位为语音和人工智能领域的国家级产业基地——"中国声谷"在合肥市落地。因此合肥市在语音技术方面具有一定优势，在其他领域，虽有初步涉猎，但依然有很长的路要走。

从整体上看，长三角地区人工智能产业中，上海市和浙江省实力最强。上海市具有最完整的产业链，且在各个环节都有代表性企业。浙江省同上海市属于同一梯队，尤其以应用领域产业表现最突出。江苏省在语音识别、机器视觉、人脸识别、机器人等技术领域有较强优势，但技术开发相对单一。安徽省在人工智能领域中的语音技术方面具有明显优势。总体而言，当前各省市在产业链的布局都以补齐各省市全产业链为优先考虑目标。但三省一市也在共同促进人工智能产业协同发展。由三省一市的人工智能联盟、学会和经济信息化研究机构等代表共同倡议发起，在2020年1月，长三角人工智能发展联盟成立。联盟将搭建协同交流平台，联动上海市、浙江省、江苏省、安徽省人工智能产业、科技、场景、数据、人才、政策等资源，积极打造长三角人工智能协同发展生态环境。另外，长三角G60科创走廊人工智能产业联盟在2019年5月成立。由人工智能、机器人、汽车、装备、电子等相关的企事业单位、高等院校、科研机构组成。因此可以期待，未来在共同联盟的推动下，长三角人工智能在合作科研、人工智能标准共同制定等方面可以发挥一定作用。

5. 生物医药产业

长三角地区生物医药产业发展十分迅速。2007—2019 年，生物医药行业投融资集中在长三角、环渤海、珠三角三大核心区域。长三角地区投资数量、投资金额均居首位，投资金额达647.18 亿元，占比 45.70%。此外，长三角地区产业创新能力和国际交流水平较高，拥有最多的跨国生物医药企业。其中，上海市的生物医药产业持续领跑全国，产业规模占到全国的 7.4%，2019 年上海市生物医药产值达到 3833 亿元。江苏省的生物医药产业规模连续多年位居全国前列，例如，2018 年江苏省全省生物医药产业产值就已经达到了 4147 亿元，同比增长 12.1%。浙江省也是生物医药产业集聚重点省市，力争到 2022 年全省医药产业总产值超过 3000 亿元，打造形成 1 个千亿级医药产业集群，4 个500 亿级产业集群。安徽省也正着力构建国内领先的现代医药产业体系，力争到 2020 年医药产业主营业务收入达到 2000 亿元。整体而言，长三角地区生物医药依托实力雄厚的科研基础和资金、政策等支持，是我国生物医药产业的重镇。

从 A 股上市公司来看，长三角三省一市在生物医药领域共有118 家上市公司，占全国 31%。其中浙江省在生物医药领域共有43 家，占全国的 12%，在长三角地区数量最多。江苏省次之，有40 家上市公司。上海市则有 29 家。从 A 股上市公司的产业环节分布来看（见表1-13），浙江省 43 家 A 股上市公司中，共有 8 家位于生物医药上游环节，即上游原料药、中间体和设备的生产与供应。中游制药企业共 24 家，超 50% 的上市企业从事药物研发与制造环节。其中两家是生物制药，分别是我武生物和钱江生化。江苏省分布大体相似。上海市则有超 60% 的 A 股上市企业从事中游的制药研发，其中有 5 家是生物制药，代表性企业如上海莱士和复星医药。图 1-9 是三省一市生物医药产业上市公司上游和中游地区企业总市值变化情况。在上游环节，浙江省虽然只有 8 家企业，但总市值领先于其他省市（见图 1-9（a）），这主要是由于浙江省有一批上游企业都表现优异。在中游环节，上海市与浙江省在 2020 年总市值相近（见图 1-9（b））。但江苏省在 2020 年反超这两个省市，主要是由于江苏省在 2019—2020 年期间有一大批医药企业上市，并且江苏省的恒瑞医药 2020 年市值达到了 5900 多亿元，远超过其他企业。上海市龙头企业复星医药才 1300 多亿元。而由于其上市企业数量较少，无论是在哪个环节，安徽省总市值都低于其他地区。单从生物制药领域看，上海市 A 股上市公司总市值遥遥领先于其他省市（见图 1-10），这与上海雄厚的研发实力紧密相关。

表 1-13　　　　长三角地区生物医药 A 股上市公司产业链分布

省份	上游	中游		下游
		全部	生物药品	
浙江省	8	24	2	11
江苏省	13	19	3	8
安徽省	2	3	1	1
上海市	6	17	5	6

资料来源：Wind，由作者整理。

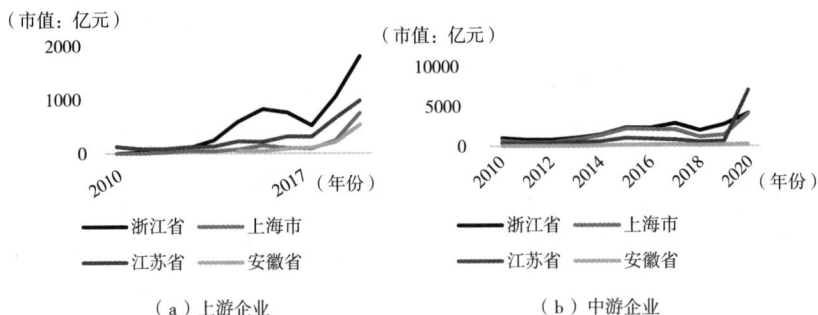

（a）上游企业 　　　　　　　　（b）中游企业

图1-9　长三角地区三省一市生物医药中/上游企业总市值变化

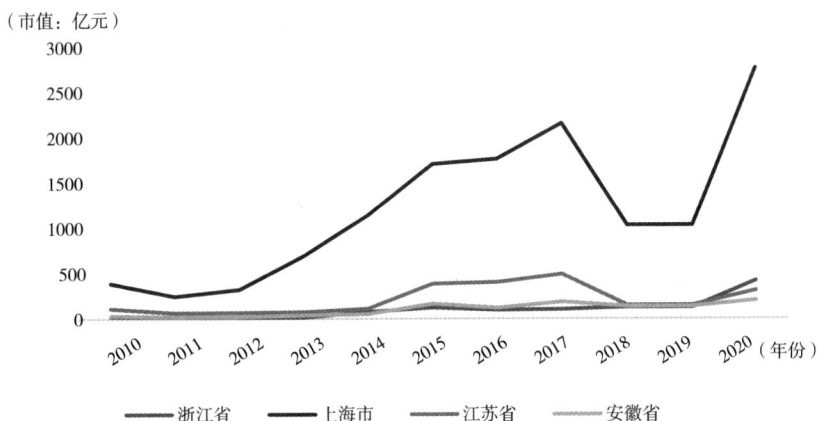

图1-10　长三角地区三省一市生物制药上市企业总市值变化

从上市公司的数量和总市值分布能大致窥到长三角地区各个省市在生物医药领域的情况。上海市相比于其他三省，拥有雄厚的生物医药研发实力和基础。上海市跨国生物医药企业研发中心密集，已经形成了以中国科学院上海药物所、国家人类基因组南方研究中心为主的"一所六中心"体系，是长三角地区乃至我国生物医药的技术研发与成果转化中心。"张江药谷"就是一个典型代表。上海市生物医药产业注重对前沿技术的研发，这其中包括复星医药、君实生物等生物制药龙头企业。江苏省生物医药领域 A 股上市公司中，位于中游研发制药环节的企业总市值明显高于其他省市，这与江苏省是生物医药制造业大省的事实是分不开的。事实上江苏省在化学药物领域的产业链十分完备。在生物制药领域，也涌现出一批新兴企业，主要集中在苏州市。但整体而言，在生物制药领域，江苏省与上海市依然存在差距。浙江省与江苏省情况类似，在化学制药领域也形成了完备的产业链。相比于其他省市，浙江省在上游的设备和材料领域尤其具有优势。而在生物制药领域，则暂时不敌上海市和江苏省。目前浙江省也在以杭州为核心，重点推进生物制药，拟在杭州建设医药港生物医药"万亩千亿"新产业平台，聚焦生物技术制药、生物医学工程、高端医疗器械、医疗大数据等领域。安徽省生物医药的整体实力虽然落后于长三角其他省市，但其正着力构建国内领先的现代医药产业体系。目前基本建成优势突出、结构合理、产业链完整的现代医药产业体系，产业综合实力和竞争力显著提高。形成了亳州市、阜阳市、合肥市差异化发展、三足鼎立的格局。但不得不承认，目前安徽省仍缺少在生物医药各环节的龙头企业。

总之，长三角生物医药产业发展迅速，且产业产值规模领先全国。江苏省与上海市整体生物医药产业规模最大。上海市研发实力雄厚，集聚了一批国内外知名企业和研发中心，在生物制药领域领也领先长三角其他省市。浙江省具备完备的生物医药产业链，在上游的设备和材料领域具有优势。而安徽省当前正在积极布局生物医药产业链，奋力追赶。整体而言，三省一市的生物医药领域发展各具特色，但长三角地区也在寻求一体化发展。例如，在 2019 年 5 月，长三角 G60 科创走廊生物医药产业联盟成立，通过产学研的方式促进长三角地区生物医药共同发展。此外，2020 年 12 月，国家药品监督管理局药品审评检查长三角分中心和医疗器械技术审评检查长三角分中心在上海市成立，这也将进一步促进长三角作为一个整体形成相同的生物医药标准。

三 产业创新

（一）长三角城市群 R&D 研发投入整体较高，70% 以上城市的研发费用占 GDP 比重超过全国平均水平，但各城市与北京市存在明显差距

产业创新是评估产业未来发展潜能的重要维度。R&D 研发费用与研发人员的投入与最终的产业创新息息相关。2019 年，全国研发费用比 GDP 是 141.7 万/亿元。而长三角城市群中，超过 70% 的城市研发费用占比高于全国平均水平（见图 1-11）。其中，

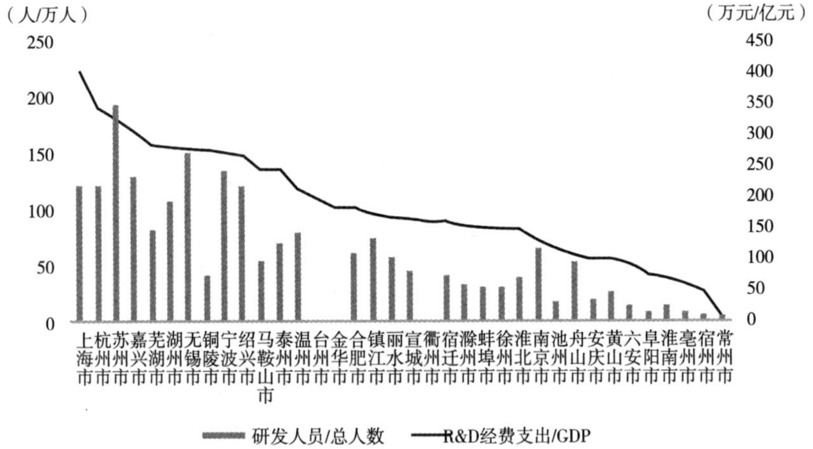

图 1-11　长三角各城市 R&D 经费支出与研发人员数量

注：台州市、衢州市、金华市等地区研发相关数据缺失。

上海市研发费用占比达到了399.6万/亿元，杭州市、苏州市、嘉兴市等城市研发费用比GDP均在300万/亿元以上。研发费用较低的城市主要集中在安徽省。当然，上海市研发费用比GDP远低于北京市2019年的水平，即631.47万/亿元。从研发人员占城市总人口的数据来看，长三角地区整体较好，绝大多数城市远高于全国平均水平的22.5人/万人。但各城市与北京市也存在差距，上海市研发人员/总人口为120.8人/万人，而北京市这一指标达到了215.5人/万人。

（二）长三角城市群存在丰富的创新资本和深厚的创新基础，但两极分化情况明显

截至2020年11月，全国科创板与中小企业板共有1188家企业上市。其中有400家来自长三角城市群，占比为33.67%。整体而言，长三角城市群具有较好的产业创新基础。上海市、苏州

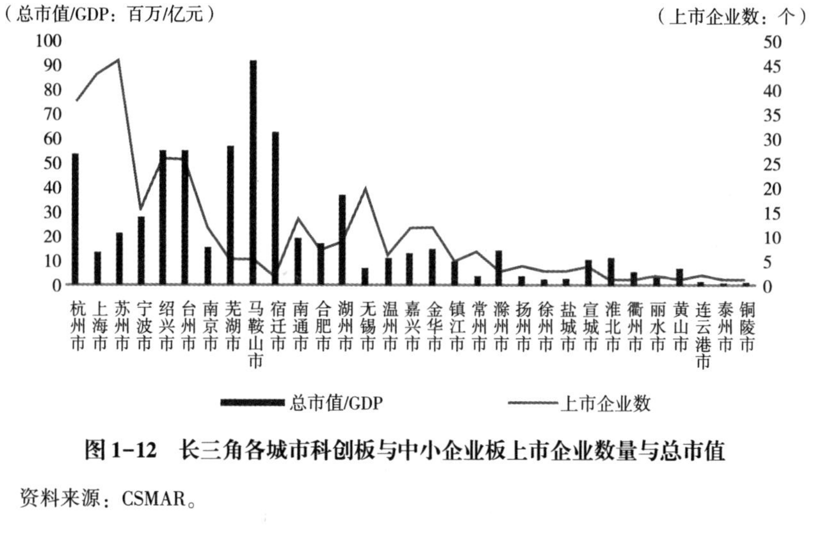

图1-12　长三角各城市科创板与中小企业板上市企业数量与总市值

资料来源：CSMAR。

市、杭州市等东部城市在上市企业数量上占据优势。但从上市企业总市值与城市 GDP 的比重来看，马鞍山市、宿迁市、芜湖市等城市排名前列，这与这些城市相对较低的地区生产总值也存在一定关系（见图 1-12）。如果聚焦于上市企业总市值，则杭州市、上海市、宁波市等城市排名靠前。例如 2019 年杭州科创板与中小企业板上市企业的总市值超过了 7000 亿元。

高新技术企业数量也是城市产业创新的重要源泉。截至 2020 年年底，全国高新技术企业数量达到 27.5 万家。长三角三省一市高新技术企业总数近 8 万家，占全国总数的 29%。其中，江苏省高新技术企业数量超过 32000 家，仅次于广东省与北京市，排名全国第 3。浙江省有 22151 家，排名第 4。上海市共有 17012 家，排名第 5。安徽省共有 8559 家，排名相对靠后。整体而言，相比于全国其他地区，长三角城市群的高新技术企业数量仍处于优势

（家）

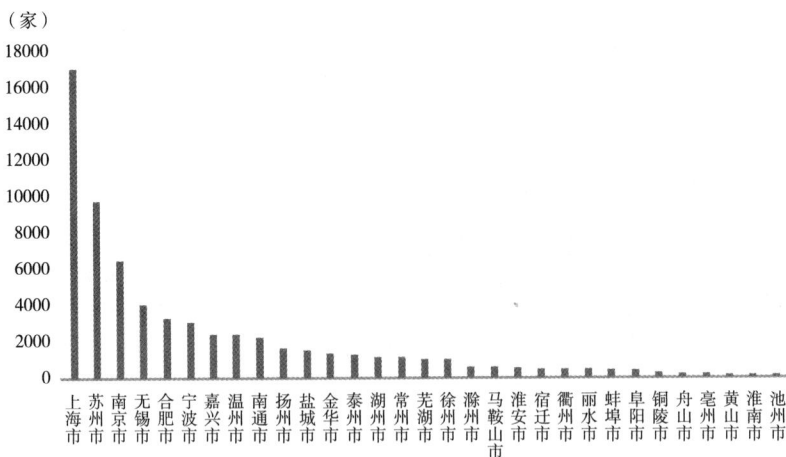

图 1-13　长三角地区各城市高新技术企业数量

资料来源：2020 年各市国民经济和社会发展统计公报；杭州市等部分城市未找到数据。

地位。但在长三角城市群内部，可以明显看到，高新技术企业的分布存在明显的两极分化（见图1-13）。上海市、苏州市等东部城市高新技术企业数量较多，而安徽省除合肥市、芜湖市以外，其他城市的高新技术企业数量均较少，大部分城市高新技术企业数量低于500家。

（三）长三角城市群创新平台数量处于全国领先地位，其中江苏省具有明显优势

截至2020年年底，长三角41个城市群共有国家高新技术产业开发区33家，占全国总量的近20%。其中江苏省在高新技术产业开发区数量中具有明显优势，共有17家，占到长三角城市群总数的一半（见表1-14）。此外，浙江省有8家，安徽省有6家，上海市有两家。根据2018年11月科技部火炬中心对全国高新技术产业开发区进行的评估，长三角城市群共有8家入围前20强，表现强劲。

表1-14　　　　长三角区域国家高新技术产业开发区分布

省份	浙江省（8）					安徽省（4）							
城市	杭州市	绍兴市	湖州市	嘉兴市	宁波市	衢州市	温州市	合肥市	马鞍山市	芜湖市	淮南市	蚌埠市	铜陵市
数量	2	1	1	1	1	1	1	1	1	1	1	1	1
省份	上海市（2）	江苏省（17）											
城市	上海市	苏州市	无锡市	常州市	扬州市	徐州市	连云港	南京市	南通市	泰州市	淮安市	盐城市	宿迁市	镇江市
数量	2	3	2	2	1	1	1	1	1	1	1	1	1	1

资料来源：中华人民共和国科学技术部。

（四）长三角城市群创新成果卓越，上海市成为跨省合作创新的核心

2019 年，全国每万人专利授权数为 18.5 件。而长三角城市群 41 个城市中，23 个城市高于全国平均水平。排名第 1 的苏州市每万人专利授权数达到了 75 件，远高于全国平均水平（见图 1-14）。因此，以专利授权为创新成果的衡量指标，长三角城市群整体而言创新成果卓越。但也有部分城市低于全国平均水平，例如宿州市、亳州市等。因此长三角城市群在创新成果维度也存在明显的两极分化情况。

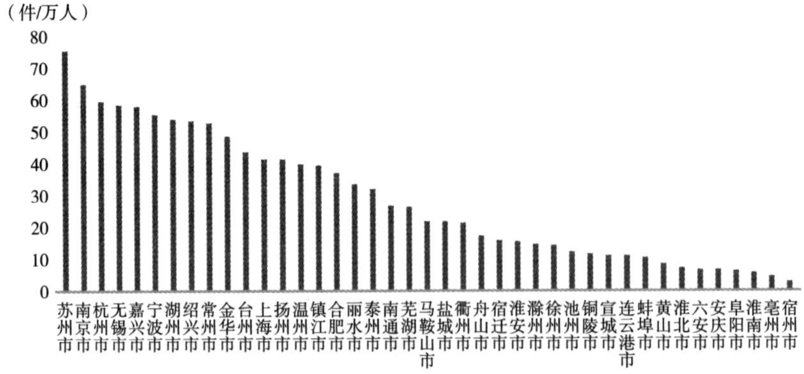

（件/万人）

图 1-14　长三角地区各城市专利授权数

其中对于三种专利类型：外观设计型、实用新型以及发明型，整体而言，除个别城市外，实用新型专利每万人授权数显著高于外观设计型和发明型（见图 1-15）。但上海市发明型专利每万人授权数高于其他两项，达到 50.37 件每万人。而深圳市、广州市和北京市的发明型专利每万人授权数分别只有 19.38、12.82 和 24.67，明显低于上海市水平。但是上海市实用新型专利每万

人授权数为 37.99，低于深圳市的 90.49，和广州市的 57.40，但高于北京市的 27.11。

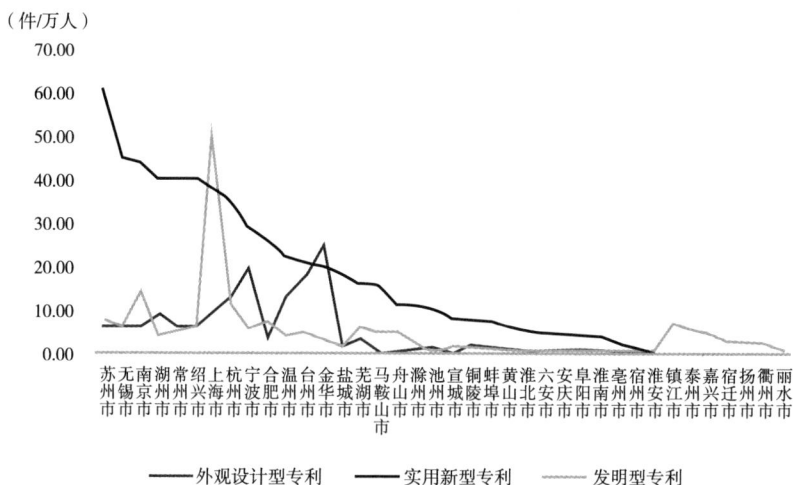

图 1-15 长三角地区各城市细化专利类型授权数

注：镇江市、泰安市等城市外观设计和实用新型专利数据缺失。

产业一体化不仅要求产业布局一体化，也要求做到产业的协同创新。因此本书考察了跨省合作申请专利情况（见表 1-15）。根据世界知识产权组织的数据，2020 年当年，上海市与江苏省的合作专利申请数量最多，有 132 个；上海市与浙江省次之共 29 个，远远低于上海市与江苏省的合作。从这一分布可以看出，长三角三省一市在合作创新维度，主要还是以上海市为核心开展的，其中上海市与江苏省的合作最为密切。而安徽省与其他省市的合作联系则相对薄弱。

表 1-15　　　　　2020 年三省一市跨省合作专利情况

	浙江省	江苏省	安徽省
上海市	29	132	5
浙江省	--	13	0
江苏省	--	--	3

资料来源：世界知识产权组织（WIPO）的 PATENTSCOPE 数据库。

总体而言，长三角城市群拥有深厚的创新基础，也取得了卓越的创新成果。无论是在创新资本、创新平台还是创新成果方面，长三角城市群在全国范围内均处于优势地位。但长三角内部两极分化现象明显，上海市、江苏省和浙江省大部分城市的研发投入以及创新基础和创新成果显著优于全国平均水平，而安徽省大多数城市则处于全国平均水平之下。从合作创新的角度出发，长三角城市群跨省合作创新也取得了一定的成绩，上海市是跨省合作创新的核心。

第四节　相关结论

本章从产业发展、产业协同与差异、产业创新三个维度分别评估了长三角产业发展状况。整体而言，长三角城市群在产业发展一体化方面取得了一定的成绩，看到了各个区域在推动产业一体化中所做的努力，但也存在一些挑战。

从产业发展的角度，无论是从产业发展的结果，即最终经济表现，还是产业发展的能力，如吸引外资水平、国家级经济开发区数量以及数字经济实力等，长三角城市群都表现卓越，处于全国领先水平。但城市群内部也存在明显的产业发展不均衡状况。例如上海市吸引外资水平遥遥领先其他省市，安徽省在经济表现、数字经济实力等方面都明显弱于东部城市群。

从产业布局的角度，长三角城市群存在差异化布局、协同分工的现象。尽管各省市间三次产业结构相似性较高，但从细分行业布局来看，不同省市的地方专业性产业各有侧重，体现出了差异化布局，一定程度上避免了长三角城市群内部的内耗与恶性竞争。但从重点产业布局来看，三省一市存在重叠，尤其体现在高新技术产业开发区主导产业的布局上。

从产业创新角度，长三角城市群无论是在产业创新的水平还是创新的基础上都处于全国优势地位。在科技型企业和高新技术企业数量、国家级高新技术产业开发区平台数量以及最终创新成果——专利授权每万人数量中，长三角城市群都领先全国其他绝大部分城市。其中，实用型专利产出数量最多。但不可忽略的是，城市群内部在创新维度存在明显两极分化，安徽省除个别城市外，在创新基础和创新成果等方面明显弱于东部经济发展较快城市。此外，在合作创新方面，长三角城市群整体取得了一定的成绩，但主要围绕上海市为核心开展合作创新，其他省份之间的合作有待加强。

第二章

基于联通大数据的长三角人员
流动一体化研究[*]

第一节　研究背景及意义

长江三角洲地区是引领全国经济发展的重要引擎，在国家现代化建设大局和全方位开放格局中具有举足轻重的战略地位。推动长三角一体化发展，增强长三角地区创新能力和竞争能力，提高经济集聚度、区域连接性和政策协同效率，对引领全国高质量发展、建设现代化经济体系意义重大。2019 年 12 月 1 日，中共中央、国务院正式印发了《长江三角洲区域一体化发展规划纲要》（以下简称《纲要》），《纲要》提出长三角一体化发展要在 2025 年取得实质性进展：跨界区域、城市乡村等区域板块一体化发展达到较高水平，在科创产业、基础设施、生态环境、公共服

---

[*] 本章执笔人：张延人，复旦发展研究院助理研究员、复旦大学长三角一体化发展研究院秘书长；张军，复旦大学文科资深教授、经济学院院长、长三角一体化发展研究院院长；张伊娜，社会发展与公共政策学院教授；奚锡灿，复旦大学经济学院助理教授；张席斌，复旦大学经济学院博士研究生。

务等领域基本实现一体化发展，全面建立一体化发展的体制机制。① 那么目前长三角地区的一体化程度究竟是处在什么水平呢? 长三角地区城市之间的关系是什么状况呢? 显然，这些是在实现长三角一体化过程中不可回避的问题。

本章旨在从长三角地区人口流动的视角来回答这些问题。之所以选择人口流动来研究长三角一体化的程度，是因为长三角地区城市之间的经济联系强度和要素自由流动的程度是衡量长三角地区一体化程度的重要指标。而人口流动恰恰能够反映城市之间的经济联系强度和要素自由流动的程度。这是因为劳动力是经济体中重要的生产要素，而劳动力的流动与人口的流动是正相关的，因此城市之间较高的人口流量往往意味着较强的经济联系，同时也反映了要素自由流动的程度。本章通过人口流动来评估长三角地区一体化的程度，并探讨城市之间的关联性，发现目前存在的问题，以便为长三角一体化发展提供一些针对性的建议。

第二节　长三角各城市人员流量基本情况

一　数据描述

本章涉及的数据主要有 2019 年 9 月 1 日至 2019 年 9 月 30 日江浙沪皖各大城市之间的人口流量数据、2018 年各大城市的 GDP 和人口数据以及各城市之间的距离数据。人口流量数据由联通公

---

① "中共中央国务院印发《长江三角洲区域一体化发展规划纲要》"，中华人民共和国中央人民政府网站，2019 年 12 月 1 日。

司的基站定位系统获取，基站定位系统可以定位每个联通用户每天的位置变化信息，由此可以对于长三角地区人口流动数据进行加总计算。鉴于联通公司的市场份额约为 1/5，我们只需在原有数据集中乘以五，即可估计出长三角城市之间总的人口流量；各大城市的 GDP 以及常住人口数据通过各省 2019 年统计年鉴获取；各城市之间的距离主要采用百度地图规划出的各城市市政府之间最短驾车行驶距离。

二　各城市人员流入量与流出量情况

图 2-1 展示了各个城市标准化后的人员流入量和流出量情况。这里的标准化是用每个城市的流入量（流出量）除以长三角地区 41 个城市总的流入量（流出量）。从流入量的角度来看，苏州市、上海市、无锡市、杭州市、南京市、嘉兴市、常州市、镇江市、合肥市和泰州市位列前十，其中苏州市和上海市的流入量远高于其他城市，其中浙江省南部城市和安徽省大部分城市的人

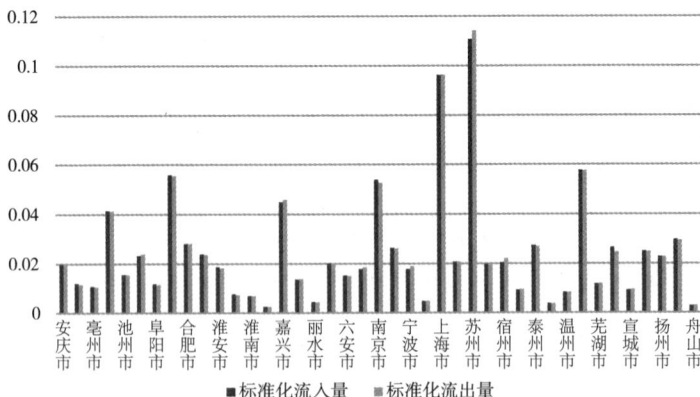

图 2-1　标准化后的各城市流入量与流出量

员流入量较小，如黄山市、舟山市、铜陵市、丽水市、衢州市、淮南市、淮北市和温州市等城市。

从图2-1中也可以发现人员流入量较大的城市也是人员流出量较大的城市，同时，人员流入量较小的城市往往流出量也较小。这说明一个城市的人员流入量与人员流出量总体较为平衡。

三 各城市人员净流出量状况

图2-2展示的是各城市人员净流出量与各城市总流量比值的状况，其中负值代表的是净流入，而正值代表的是净流出。这种净流入或净流出的量表示城市人员流动不平衡的程度。从量的程度来看，2/3的城市的净流入量或者净流出量不足该城市总流量的1%，1/6的城市的净流入量或者净流出量超过该城市总流量的2%，只有极个别的城市的净流入量或者净流出量超过该城市总流量的3%；从城市的分布来看，净流入城市主要是安徽省和浙江省的大部分发展水平相对较低的城市，而净流出的城市主要是江苏省和浙江省中发展水平较高的城市，以及安徽省中邻接江苏省的发展水平较高的城市。这说明长三角地区城市之间存在较强的"溢出效应"，人员从经济发展水平较高的城市流向经济发展水平较低的城市的量大于经济发展水平较低城市流向经济发展水平较高城市的量。关于这一点，本章在边界效应度量的部分做进一步的解释。更具体而言，合肥市和上海市的人员流动最为平衡，徐州市、蚌埠市、阜阳市和淮北市这些江苏省北部和安徽省北部城市人员净流入量较大，舟山市、宁波市、马鞍山市、宿州市、苏州市这些浙江省东部和江苏省以及临近江苏省的安徽省城市人员净流出量较大。

净流出量/总流量

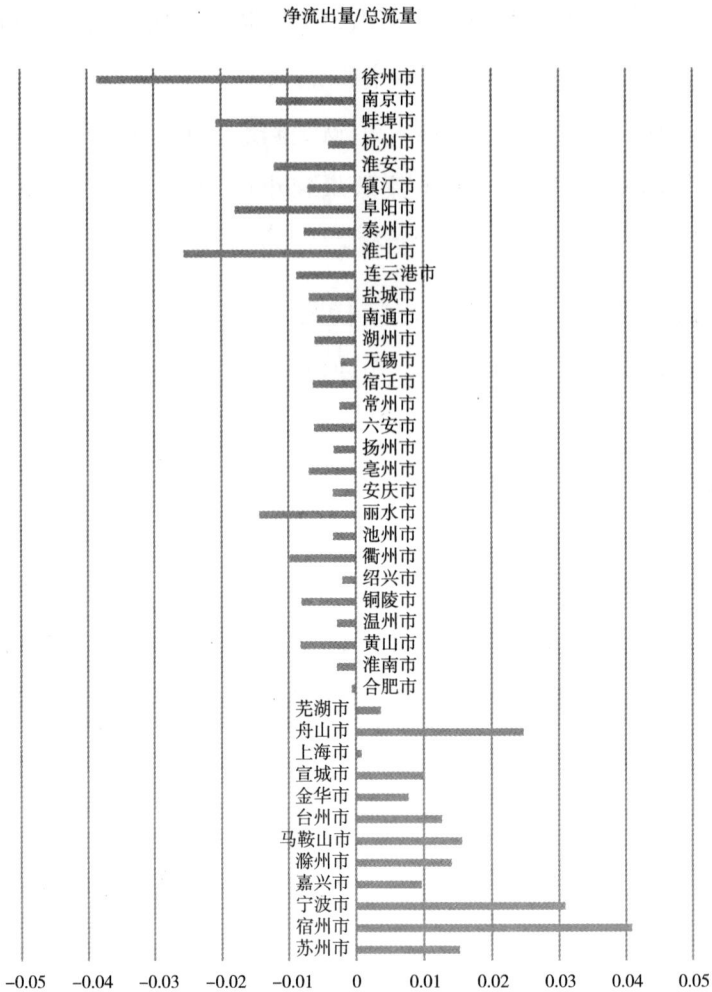

图2-2　各城市净流出量状况

四　各城市之间的具体人员流量情况

表2-1列出了各城市间具体流量指数及排名情况，上海市—苏州市之间的流量最大，故以此为基准指数计算出其他城市之间的流量指数。限于篇幅，这里只呈现前30个城市对。从表中不难看出，上海市—苏州市之间的流量明显高于其他城市之间的流量，约是排

名第 2 的城市间流量指数苏州市—无锡市流量指数的 2.5 倍。关于省内城市之间的流量情况，各省内城市之间联系较为紧密的有：江苏省的苏州市—无锡市、常州市—无锡市以及南京市—镇江市，浙江省的杭州市—嘉兴市、杭州市—绍兴市和杭州市—湖州市，安徽省的安庆市—池州市、合肥市—六安市和亳州市—阜阳市。关于跨省城市间的流量情况，跨省城市之间联系较为密切的有：嘉兴市—上海市、宿州市—徐州市、马鞍山市—南京市、滁州市—南京市、嘉兴市—苏州市、南通市—上海市、湖州市—苏州市以及杭州市—上海市，两省边界处的邻接城市之间联系较为密切。

表 2-1 各城市间的具体流量

城市	指数	排名	城市	指数	排名
上海—苏州	100	1	南通—苏州	12.43	16
苏州—无锡	41.11	2	合肥—六安	12.16	17
常州—无锡	34.35	3	泰州—扬州	11.26	18
杭州—嘉兴	32.09	4	宿迁—徐州	10.76	19
嘉兴—上海	25.08	5	泰州—盐城	10.68	20
安庆—池州	21.98	6	南通—上海	10.22	21
宿州—徐州	20.29	7	湖州—苏州	9.40	22
南京—镇江	17.71	8	南通—盐城	9.34	23
杭州—绍兴	17.20	9	连云港—宿迁	9.06	24
杭州—湖州	16.97	10	亳州—阜阳	8.96	25
马鞍山—南京	16.95	11	杭州—上海	8.90	26
常州—镇江	16.65	12	南通—泰州	8.43	27
滁州—南京	14.44	13	宁波—绍兴	7.86	28
嘉兴—苏州	12.98	14	扬州—镇江	7.81	29
连云港—盐城	12.82	15	淮北—宿州	7.63	30

五　江浙沪皖地区人员流入流出总体情况

图 2-3 展示的是江浙沪皖地区加总层面的人员流入流出情况。同样，这里的数据是每个地区的流量除以各地区总流量得到的标准化值。从图中不难看出，各地区的人员流入流出情况都比较平衡，江苏省的总流入量略微大于总流出量，浙江省和安徽省的总流出量略大于总流入量。

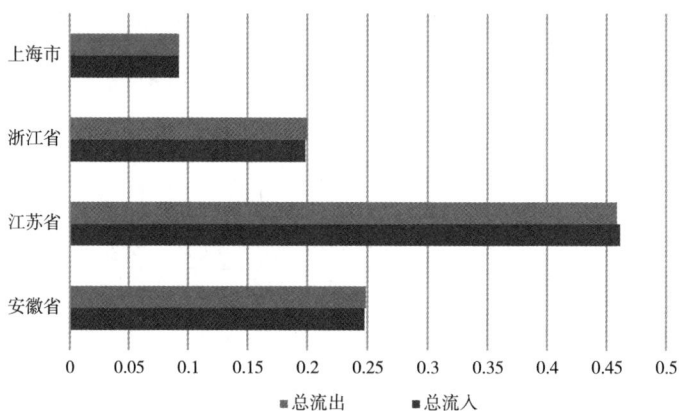

图 2-3　江浙沪皖地区人员流入流出总体情况

值得注意的是，江苏省的人员流量无论是总流入量还是总流出量都比浙江省和安徽省两省流量的总和还多，江苏省的经济活跃程度由此可见一斑。

第三节　长三角地区城市一体化程度的度量

一　边界效应度量

上节内容主要对长三角地区城市之间的人口流量进行了简单

的描述性统计，从上节内容可知，不同省份的城市之间以及同一省份不同城市之间的人口流量均存在较大差异，省内城市之间的人口流量明显大于省际城市之间的人口流量，这种现象是否反映了长三角地区省际之间存在较强的"边界效应"呢？下面将利用引力方程模型对长三角地区的"边界效应"进行精确度量。

"边界效应"在国际贸易领域应用较多，其主要指国际贸易领域中的行政或地理边界对于地区间贸易的影响，在具体考察边界效应时主要是在贸易的引力方程中引入一个反应"边界"的虚拟变量，这个虚拟变量系数的大小能够反映"边界"对地区间贸易的影响。最简单的引力方程模型来自 Tinbergen（1962）。随后，大量的实证研究沿袭了这一设定。本章在 Tinbergen 引力模型设定的基础上来考察人口流动的边界效应。与国际贸易中引力方程的区别在于，国际贸易中引力方程研究的对象是产品与服务的流动，而本章的引力模型研究的对象是人员的流动。

引力方程的基本观点如下：区域间的贸易量与两个地区的国民生产总值等经济规模因素成正比，与地理距离等贸易成本因素成反比。这是因为：地区的生产规模越大和国民收入水平越高，市场需求就越大，地区间的贸易量也越大；地理距离会导致双边贸易产生运输成本，所以两个地区相距越远，运输成本越高，地区间的贸易就越少。类似于贸易中的引力方程，我们同样可以定义人员流动的引力方程。与贸易不同的地方是，贸易是基于比较优势进行的，而人员的区域流动往往存在两个效应："溢出效应"和"虹吸效应"。"溢出效应"是指经济发展水平较高的城市的人员会流向经济发展水平较低的城市，而"虹吸效应"是指经济发展水平较高的城市会吸引经济发展水平较低城市的人员流入。同时人员的流动与地理距离负相关，因为较大的地理距离会带来较高的交通成本从而会抑制人员流动。因此我们可以定义指数形式引力方程为：

$$F_{ij} = k \frac{Y_i^{\alpha} Y_i^{\beta}}{d_{ij}^r} \tag{2-1}$$

其中F_{ij}表示从城市i流入到城市j的人员数量，k为引力常数，Y_i和Y_j分别为城市i和城市j的GDP水平，d_{ij}表示城市i与城市j的地理距离，这里用百度地图上两个城市市政府之间的最短驾车距离表示。α，β分别代表城市之间人口流量关于城市经济发展水平的弹性，即对于人员流出国，GDP每提高一个百分点人口流出量平均增加α个百分点；对于人员流入国，GDP每提高一个百分点人口流入量平均增加β个百分点。r代表的是距离摩擦系数，代表距离每增加一个百分点，人口流量会减少r个百分点。

在进行计量估计时一般写成如下对数形式：

$$\ln F_{ij} = \alpha_0 + \alpha \ln Y_i + \beta \ln Y_j - r \ln d_{ij} + \varepsilon_{ij} \tag{2-2}$$

这里的ε_{ij}表示的是人口流量不能被两城市GDP和距离解释的部分，假设其服从均值为0的正态分布。

在引力模型的框架下引入"边界效应"，即反映不同城市在不同行政省份的差异。我们只需在上述计量模型中加入一个虚拟变量$dumm\,y_{ij}$即可，即i，j在同一个省份下该变量$dumm\,y_{ij} = 1$，否则$dumm\,y_{ij} = 0$。相应的计量模型为：

$$\ln F_{ij} = \alpha_0 + \lambda\,dumm\,y_{ij} + \alpha \ln Y_i + \beta \ln Y_j - r \ln d_{ij} + \eta_{ij} \tag{2-3}$$

其中η_{ij}为残差项，服从均值为0的正态分布，虚拟变量

$dumm\ y_{ij}$的系数 λ 的自然对数e^{λ}就反映了"边界效应"的大小，其含义是在控制了两城市的 GDP 以及距离之后，长三角地区省内的人员流动量是省际人员流动的e^{λ}倍。

此外，由于一些城市的固有特征未被加入计量模型（2-2）中而是包含在η_{ij}中，从而会影响回归结果的准确性和稳健性，故我们以城市常住人口数量作为城市固有特征的代理变量来缓解这个问题。因为一个城市的常住人口数量可以在一定程度上反映出这个城市的发展水平、就业机会和人文环境等城市层面的固定效应。因此建立如下包含城市层面常住人口数量的计量模型（2-3）：

$$\ln F_{ij} = \alpha_0 + \lambda dumm\ y_{ij} + \alpha \ln Y_i + \beta \ln Y_j + \alpha_1 \ln po\ p_i + \beta_1 \ln po\ p_j - r \ln d_{ij} + \delta_{ij}$$

$$(2-4)$$

我们分别对模型（2-3）、（2-4）进行估计，估计结果如表2-2所示。

表2-2　　　　　　　模型（2-3），（2-4）的回归结果

	模型（2-3）	模型（2-4）
$\ln d_{ij}$	-1.472^{***} （0.036）	-1.488^{***} （0.034）
$\ln Y_i$	0.850^{***} （0.037）	0.463^{***} （0.062）
$\ln Y_j$	-0.0510 （0.036）	-0.544^{***} （0.062）
$dumm\ y_{ij}$	1.442^{***} （0.080）	1.436^{***} （0.077）
$\ln po\ p_i$		0.705^{***} （0.093）

续表

	模型（2-3）	模型（2-4）
$\ln po\,p_j$		0.900***
		(0.093)
cons	6.549***	3.945***
	(0.480)	(0.507)
R-squared	0.6996	0.7244
N	1678	1678
F	974.10	732.03

注：括号内为标准误，其中 * 表示 $p<0.05$，** 表示 $p<0.01$，*** 表示 $p<0.001$。

从表 2-2 的回归结果中可以看出，无论是模型（2-2）还是模型（2-3），$dumm\,y_{ij}$ 前的系数都是高度显著，其中系数大小分别为 1.442 和 1.436，其对应的边界效应的大小分别为 4.229 和 4.204，即长三角地区省内人员流量约是省际人员流量的 4.2 倍。此外，在控制了城市的常住人口因素时，$\ln Y_i$ 的系数显著为正，而 $\ln Y_j$ 前面的系数显著为负，这说明平均意义而言，人员流出城市的 GDP 每提高一个百分点，人口流出会增加 0.463 个百分点，而人员流入城市的 GDP 每降低一个百分点，人口流入会增加 0.544 个百分点，这说明了长三角地区的城市目前存在较强的溢出效应，经济发展水平较高城市的人员会较多地流入经济发展水平较低的城市，这样有利于缩短经济发达城市和欠发达城市的差距，实现均衡发展。

二　城市中心度的度量

一个地区的发展需要有中心城市引领，中心城市在区域发展中起到增长极的作用，它通过发挥人才、资源、制度等的溢出效应来带动其他城市的发展。那么在长三角地区中哪些城市是中心城市呢？这一节的内容主要来回答这个问题。本节通过计算复杂网络模型中节点中心度的方式来度量各城市的重要性。

江浙沪皖共计41个城市，把每个城市看成一个节点，那么这些城市之间的人员流量构成了一个含有41个节点的加权有向网络。我们以两城市之间单位距离流量（平均每公里的人员流量）作为两节点之间的权重，并对网络中总权重进行归一化处理后得到的标准化权重，把标准化之后的权重作为网络的最终权重。我们定义节点i的中心度CD_i为：

$$CD_i = \sum_{j \neq i} w_{ji} + \sum_{k \neq i} w_{ik} \tag{2-5}$$

其中w_{ji}为节点j到节点i的标准化权重，w_{ik}为节点i到节点k的标准化权重。节点中心度衡量的是一个节点在网络中的重要性程度，节点中心度越大表明这个节点在网络中越重要。以此方法对长三角地区41个城市的中心度进行计算并排序如图2-4所示。

从图2-4中不难看出，苏州市、无锡市、上海市、南京市和杭州市的中心度位列前五，而且苏州市的中心度遥遥领先其他四个城市，南京市与杭州市的中心较为接近。而中心度较小的城市主要是皖南和浙南的城市如黄山市、舟山市、丽水市、衢州市、铜陵市和温州市等。

三　城市之间的聚类分析

长三角地区共有41个主要城市，这些城市之间构成了一个网络，那么在这个网络之中哪些城市之间联系较为紧密呢？这些联系紧密的城市有什么特征呢？回答好这些问题能够使我们认清当

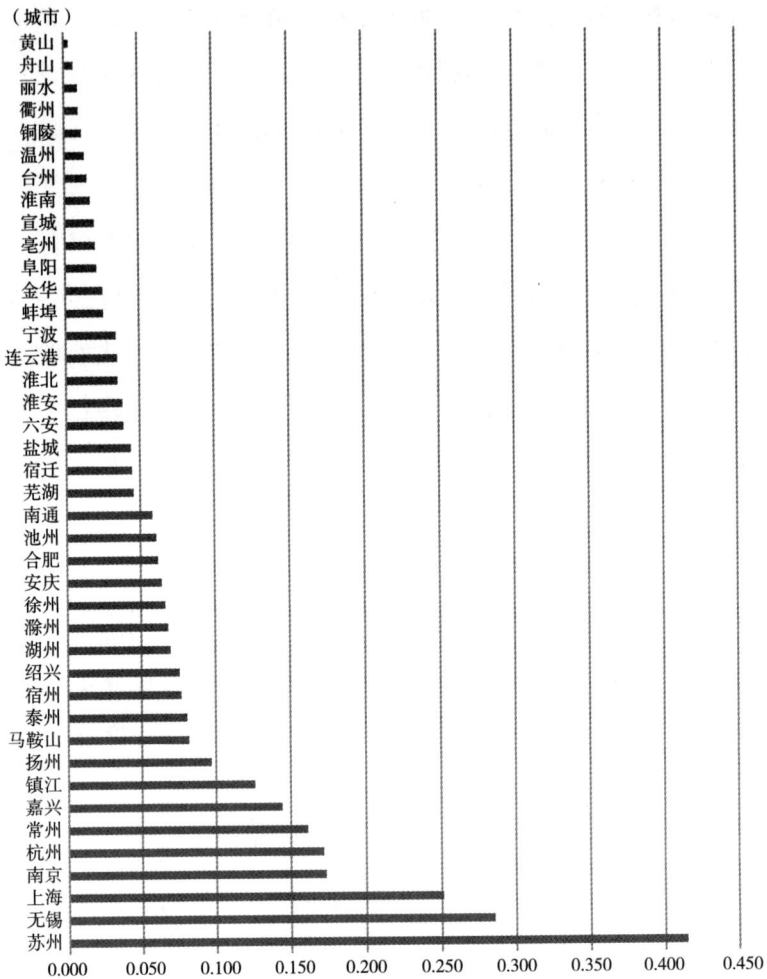

图 2-4　各城市中心度

前长三角地区城市群的结构。为了回答上述问题，本节利用复杂网络中的社区检测算法来划分出长三角地区不同的城市群。

　　根据各城市之间人员流量数据，利用社区网络检测（community detection）算法对 41 个城市进行聚类分析，这种算法被广泛应用于复杂网络中，用来检测网络中节点之间的关系。这种聚类分析能够帮助我们找出联系紧密的城市群。图2-5为长三角城市群的聚类分析结果。从图中可以看出长三角城市群大致可以分成五个子城市群：上海市与江苏省的苏州市、无锡市、常州市和南通市构成一个子城市群；南京市、镇江市、扬州市、泰州市、马鞍山市、黄山市、芜湖市、宣城市、滁州市和蚌埠市构成一个子城市群；嘉兴市、湖州市、杭州市、绍兴市、宁波市、舟山市、台州市、金华市、温州市、衢州市和丽水市构成一个子城市群；合肥市、亳州市、阜阳市、淮南市、六安市、安庆市、池州市和铜陵市构成一个子城市群；淮北市、宿州市、连云港市、徐州市、宿迁市、盐城市和淮安市构成一个子城市群。从这些子城市群中不难看出，地理上较为接近的城市联系更加紧密，如上

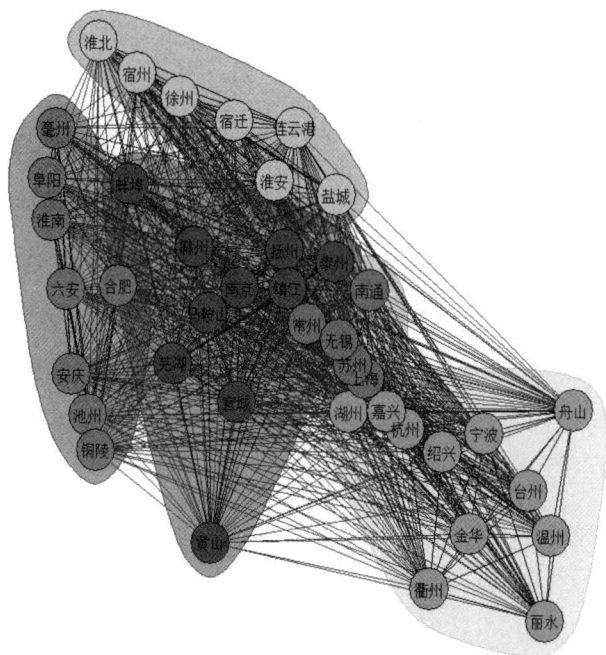

图2-5　社区网络检测聚类

海市和苏南城市联系较紧密，苏南与皖东南的城市联系紧密，苏北与皖北城市联系紧密，值得注意的是安徽省以合肥市为中心构成了一个只含安徽省内城市的子城市群，而浙江省的全部城市构成了一个子城市群，浙江省与其他三个省市的联系较弱。在建设长三角一体化时需注意加强浙江省与其他三个省市之间的联系。

第四节　长三角地区一体化政策建议

根据上文对于长三角城市之间联系强度的度量与分析，我们能够清楚地认识到长三角地区一体化目前的状况。为了能够进一步促进长三角地区一体化的发展，提高城市之间的联系，本章提出如下政策建议。

以重点城市为中心构建都市圈，加强都市圈边缘城市联系促进多个都市圈融合发展。重点培育南京市、杭州市、合肥市、苏锡常、宁波市等多个中心城市，以这些城市为中心向外扩散形成多个都市圈。加强中心城市与都市圈内其他城市以及相邻都市圈边缘城市之间的市域和城际铁路、道路交通、毗邻地区公交线路对接，构建快速便捷都市通勤圈。推动上海市与近沪区域及苏锡常都市圈联动发展，构建上海大都市圈。通过马鞍山市、滁州市、芜湖市等城市加强南京都市圈与合肥都市圈协同发展，打造东中部区域协调发展的典范。通过金华市和台州市等城市推动杭州都市圈与宁波都市圈的紧密对接和分工合作，实现杭绍甬一体化。通过嘉兴市促进沪杭都市圈之间的融合发展。通过湖州市实现苏锡常、南京市和杭州市都市圈之间的融合发展。加强安徽省的黄山市、宣城市和铜陵市等城市与浙江省的湖州和杭州的联系，来促进合肥都市圈与杭州都市圈的融合发展。

建设一体化综合交通体系，提升基础设施互联互通水平。加快建设集高速铁路、普速铁路、城际铁路、市域（郊）铁路、城市轨道交通于一体的现代轨道交通运输体系，构建高品质快速轨道交通网。加快都市圈边缘城市之间交通网的建设，促进都市圈的融合发展。加快推进城际铁路网建设，推动市域铁路向周边中小城市延伸，率先在都市圈实现公交化客运服务。支持高铁快递、电商快递班列发展。提升省际公路通达能力。加快省际高速公路建设，对高峰时段拥堵严重的国省道干线公路实施改扩建，形成便捷通达的公路网络，撤销省际高速公路收费站。编制实施长三角民航协同发展战略规划，构建分工明确、功能齐全、联通顺畅的机场体系，提高区域航空国际竞争力。巩固提升上海国际航空枢纽地位，增强面向长三角、全国乃至全球的辐射能力。规划建设南通新机场，成为上海国际航空枢纽的重要组成部分。优化提升杭州市、南京市、合肥市区域航空枢纽功能，增强宁波市、温州市、阜阳市等区域航空服务能力，支持苏南硕放机场建设区域性枢纽机场。

建立跨区域协调机制体制，促进要素市场一体化。共建统一开放人力资源市场，加强人力资源协作，推动人力资源、就业岗位信息共享和服务政策有机衔接、整合发布，联合开展就业洽谈会和专场招聘会，促进人力资源特别是高层次人才在区域间有效流动和优化配置。联合开展人力资源职业技术培训，推动人才资源互认共享。加强各类资本市场分工协作，加快金融领域协同改革和创新，促进资本跨区域有序自由流动。完善区域性股权市场。依法合规扩大发行企业债券、绿色债券、自贸区债券、创新创业债券。推动建立统一的抵押质押制度，推进区域异地存储、信用担保等业务同城化。联合共建金融风险监测防控体系，共同防范化解区域金融风险。鼓励地方政府联合设立长三角一体化发展投资专项资金，主要用于重大基础设施建设、生态经济发展、盘活存量低效用地等投入。建立城乡统一的土地市场，推动土地要素市场化配置综合改革，提高资源要素配置效能和节约集约利用水平。深化城镇国有土地有偿使用制度改革，扩大土地有偿使用范围，完善城乡建设用地增减挂钩政策，建立健全城镇低效用地再开发激励约束机制和存量建设用地退出机制。完善跨区域产权交易市场，推进现有各类产权交易市场联网交易，推动公共资源交易平台互联共享，建立统一信息发布和披露制度，建设长三角产权交易共同市场。培育完善各类产权交易平台，探索建立水权、排污权、知识产权、用能权、碳排放权等初始分配与跨省交易制度，逐步拓展权属交易领域与区域范围。建立统一的技术市场，实行高技术企业与成果资质互认制度。

加强区域协同创新，提升区域产业分工。加强科技创新前瞻布局和资源共享，集中突破一批卡脖子核心关键技术，联手营造有利于提升自主创新能力的创新生态，打造全国原始创新策源地。加强上海张江、安徽合肥综合性国家科学中心建设，健全开放共享合作机制。优先布局国家重大战略项目、国家科技重大专项，共同实施国际大科学计划和国际大科学工程。坚持市场机制主导和产业政策引导相结合，充分结合区域比较优势，完善区域产业政策，强化中心区产业集聚能力，推动产业结构升级，优化重点产业布局和统筹发展。中心区重点布局总部经济、研发设计、高端制造、销售等产业链环节，大力发展创新经济、服务经济、绿色经济，加快推动一般制造业转移，打造具有全球竞争力的产业创新高地。支持苏北、浙西南、皖北和皖西重点发展现代农业、文化旅游、医药产业、农产品加工等特色产业及配套产业。充分发挥皖北、苏北粮食主产区综合优势，实施现代农业提升工程，建设长三角绿色农产品生产加工供应基地。建设皖北承接产业转移集聚区，积极承接产业转移。推动中心区重化工业和工程机械、轻工食品、纺织服装等传统产业向具备承接能力的中心区以外城市和部分沿海地区升级转移，建立与产业转移承接地间利益分享机制，加大对产业转移重大项目的土地、融资等政策支持力度。

第三章

国内大循环背景下上海市在长三角城市群消费网络中的地位与作用[*]

全球经济面临百年未有之大变局，在国际经济贸易摩擦升级加剧、新冠肺炎疫情带来强烈冲击的背景下，中央政治局常务委员会做出了构建国内国际双循环的重要指示，聚焦国内市场优势和潜力的释放。消费对于国内经济恢复及发展的意义重大，一方面，在社会再生产过程中，消费是最终环节，国内循环形成闭环的一大关键便在于消费；另一方面，消费对我国经济的贡献居高不下，2014年以来持续超过了投资对经济增长的拉动作用。本研究利用长三角城市群41座城市的个人银行卡刷卡消费的支付数据，分别从规模和流量两个视角对长三角城市群的消费网络结构和关联度进行分析，探究了上海市在长三角消费网络中的地位和功能，并对助推上海市打造国际消费中心提出相关政策建议。

第一节　研究样本及数据来源

本研究根据2020年长三角城市经济协调会成员的定义来确定

＊　本章执笔人：张伊娜，社会发展与公共政策学院教授；王志远，社会发展与公共政策学院硕士研究生。

"长三角城市群"范围，该地域范围覆盖了长三角地区地级市以上城市，包括4个省市共41座城市：上海市、浙江省下辖的11座地级市（即杭州市、宁波市、温州市、绍兴市、湖州市、嘉兴市、金华市、衢州市、台州市、丽水市、舟山市）、江苏省下辖的13座地级市（即南京市、无锡市、徐州市、常州市、苏州市、南通市、连云港市、淮安市、盐城市、扬州市、镇江市、泰州市、宿迁市）、安徽省下辖的16座地级市（合肥市、芜湖市、蚌埠市、淮南市、马鞍山市、淮北市、铜陵市、安庆市、黄山市、阜阳市、宿州市、滁州市、六安市、宣城市、池州市、亳州市）。

2020年城市间流动受疫情影响大幅度下降，为真实反映长三角城市消费流动的情况，本章数据为2019年长三角41座城市的银行卡消费额，数据以城市为单位，包括了研究范围内任一城市的常住人口在本地的消费金额（根据银行账户每年最大刷卡笔数判断常住地城市），以及在其他40座城市的消费金额，数据由银联智惠授权使用。此外，本章还使用了长三角三省一市年鉴中的2019年GDP、常住人口等数据，以及城市经纬坐标。

第二节　基于规模视角的长三角城市群消费网络结构现状分析

一　总消费额等级结构的现状分析

城市间的消费流入和流出共同构成城市群内部的消费网络，本章首先从城市消费流入单侧展开分析，基于银行卡刷卡总消费额来衡量城市的消费承载力。此处的总消费额是指在某一城市发生的消费总额，包括了本地常住人口的银行账户和其他城市人口银行账户在该城市的刷卡金额，能够得出该城市对长三角所有城市的消费吸引总量，据此分析各个城市在长三角内部的总消费额等级结构。具体通过统计总消费额后进行标准化处理，将总消费额处理为 0-100 的值，即把总消费额最大值设为 100，最小值设为 0，处在两者之间的消费额按照比例得出标准化值，便于进行清晰的横向对比。依据 41 座城市标准化得分情况划归为 5 个等级，结果如表 3-1 所示。同时借助集中度指标对城市总消费额的集聚程度进行分析，结果如表 3-2 所示，并用 ArcGIS 进行可视化分析。

表 3-1　　2019 年长三角城市群刷卡总消费额的等级分布

等级	总消费额（亿元/年）	城市数量（个）	城市（标准分 0-100）
1	28886	1	上海（100）
2	6001-12000	4	杭州（36.5）、南京（28.5）、苏州（24.9）、合肥（20.6）
3	1501-6000	11	温州（19.7）、宁波（18.4）、金华（12.0）、台州（10.8）、嘉兴（10.7）、绍兴（10.7）、无锡（10.1）、南通（8.1）、常州（7.9）、徐州（7.7）、湖州（5.5）
4	501-1500	19	泰州（4.5）、盐城（4.1）、扬州（3.9）、阜阳（3.8）、镇江（3.3）、淮安（3.2）、宿迁（3.2）、连云港（2.7）、芜湖（2.7）、六安（1.9）、亳州（1.9）、蚌埠（1.8）、滁州（1.8）、丽水（1.6）、宿州（1.6）、衢州（1.5）、安庆（1.4）、宣城（1.1）、马鞍山（1.1）
5	200-500	6	舟山（0.8）、淮南（0.8）、淮北（0.6）、黄山（0.3）、铜陵（0.1）、池州（0.0）

研究表明，上海市消费能力突出，无论是从数值还是集中度来看都是长三角城市群中的极点。从数值来看，上海总消费额远超过长三角城市群内的其他城市，与总消费额标准分排名第 2 位的杭州市差距便达 63.5 分；从集中度角度来看，上海总消费额的首位度指数和三城市指数都较高，其总消费额是排名第 2 位（杭州市）的 2.71 倍，首位度高达 2.71，3 城市指数达到了 1.52，代表总消费额是排名第 2 位至第 4 位的南京市、苏州市和合肥市总消费额之和的 1.52 倍。由此可见，从城市这个维度来看，长三角总消费额等级结构形成了以上海为极点，省会城市和苏州市为第二梯队，向四周逐渐降低的格局。此外，省市板块维度上浙江省（39011 亿元/年）高于江苏省（34787 亿元/年）高于安徽省（15064 亿元/年），浙江省总消费额是江苏省的 1.12 倍，是安徽省的 2.59 倍。

表 3-2　　　　2019 年长三角城市群刷卡总消费额的集中程度

指标	得分
首位度	2.71
3 城市指数	1.52
5 城市指数	0.89
10 城市指数	0.53

二　人均消费额等级结构的现状分析

基于对长三角各城市人数规模差异的考虑，联合刷卡总消费额和常住人口数据从人均消费维度切入，对各城市的人均消费额进行标准化处理和集中度分析，得出城市群内的等级结构（参见

表3-3和表3-4）。如表3-5所示，对城市的总消费额和常住人口的相关性检验结果显著。

相比于总消费额的等级结构，人均刷卡消费集中程度大幅降低，表现为年人均刷卡消费额的四项集中度指标都低于刷卡总消费额的对应数值，总消费额的指标值均是人均消费对应指标值的2倍有余。

表3-3　　　　2019年长三角城市群人均刷卡消费额的等级分布

等级	人均消费额（万元/年）	城市数量（个）	城市
1	>10	2	上海、杭州
2	7-10	2	南京、合肥
3	4-7	10	嘉兴、苏州、宁波、金华、绍兴、温州、湖州、台州、常州、无锡
4	2-4	15	舟山、镇江、南通、泰州、丽水、扬州、衢州、徐州、芜湖、淮安、宿迁、连云港、马鞍山、蚌埠、黄山
5	<2	12	宣城、盐城、淮北、滁州、阜阳、六安、亳州、铜陵、池州、安庆、淮南、宿州

表3-4　　　　2019年长三角城市群人均刷卡消费额的集中程度

指标	得分
首位度	1.10
3城市指数	0.57
5城市指数	0.34
10城市指数	0.18

表 3-5　　　　　　　　长三角各城市刷卡总消费额与常住人口的相关性

	城市刷卡总消费额	城市常住人口
城市总在地消费刷卡额	1.000	--
城市常住人口	0.918** （0.0000）	1.000

从人均消费额标准化后的等级结构来看，上海市仍然位列首位。杭州市的人均消费额进入了与上海市同等的级别，之后依次是南京市、合肥市，其中合肥市超过了苏州市。从省级角度比较看出，三个省份之间的差距均较大，浙江省以 6.80 万元/年的人均刷卡金额领先，是江苏省（4.32 万元/年）的 1.57 倍、安徽省（2.38 万元/年）的 2.86 倍。从省内角度比较看出，浙江省内人均刷卡金额未出现严重断层，整体等级分布均匀；江苏省的地级市人均消费差异则较大，南京市和苏州市作为该省表现最突出的两座城市，与省内其他地级市等级位置拉开差距。

第三节　基于流量视角的长三角城市群消费网络关联度分析

一　消费总关联度等级结构的现状分析

本部分结合对消费流入和流出双侧的观察，利用城市网络关联度法（Alderson & Beckfield，2004；唐子来、李涛，2014；李涛、周锐，2016）进行分析，呈现各个城市在长三角城市群网络中的消费总关联度。总关联度指标包含某一城市和城市群内其他城市的往来，即同时包含了流入和流出双侧的消费情况，据此能够看出一个城市和城市群内其他城市的消费往来关联强度。

根据城市网络关联度法的计算方法，首先计算城市群内某一城市 j 对另一城市 i 的消费吸引额 T_{ij}，城市 i 和 j 之间相互吸引的消费加总则为两者的消费网络关联度 V_{ij}（也即 V_{ji}）：

$$V_{ij} = V_{ji} = T_{ij} + T_{ij} \qquad (3-1)$$

接着计算城市 j 与城市群内其他城市（$i=1$，2，…，$j-1$，$j+1$，…，n）的刷卡消费额之和，该值即代表城市 j 与城市群内除自身之外所有城市的关联，也即整个城市群消费网络视角下的城市 j 的总关联度 M_j：

$$M_j = \sum_{j=1}^{n} V_{ij} \qquad (3-2)$$

最终基于每个城市在城市群消费网络中的总关联度 M_j 进行分析，将该指标进行标准化处理为 0-100 的值，再划分等级结构，便于进行清晰的横向比较。

如表 3-6 所示，长三角城市群刷卡额的总关联度的等级结构可以被分成较为均匀网络层级，总体上没有严重的断层现象。上海市（100）仍然居于首位；三个省会城市杭州市（74.2）、南京市（51.1）以及合肥市（45.5）紧跟其后，非省会城市苏州市（43.4）和温州市（43）亦有亮眼的表现；最低关联度的是黄山市（1）、淮北市（0.8）、铜陵市（0.1）、池州市（0）。从城市角度来看，各城市的消费总关联度大致以上海市为中心向外减弱，总体上地理位置离上海市越远则其消费总关联度也在逐渐减弱；从省份角度来看，浙江省省内城市消费关联度要高于江苏省和安徽省，浙江省中高关联度城市的空间分布范围也更加广泛。

表 3-6 　　　　　 2019 年长三角城市群消费总关联度的等级分布

等级	关联度	城市
1	超高关联	上海（100.00）
2	高关联	杭州（74.2）、南京（51.1）、合肥（45.5）、苏州（43.4）、温州（43）
3	较高关联	宁波（31.1）、无锡（21.3）、嘉兴（20）、台州（19.1）、绍兴（18.9）、金华（18.8）、南通（16.5）、徐州（15.9）、常州（13.6）
4	较低关联	泰州（9.5）、扬州（9.5）、镇江（9）、阜阳（8.8）、湖州（8.3）、淮安（7.5）、盐城（7.5）、芜湖（7.2）、连云港（6.7）、宿迁（6.6）、六安（5.8）、蚌埠（5.5）、宿州（4.6）、衢州（4.4）、舟山（4.3）、滁州（4.1）
5	低关联	安庆（3.9）、亳州（3.9）、丽水（3.3）、宣城（3.2）、马鞍山（2.6）、淮南（2.5）
6	超低关联	黄山（1）、淮北（0.8）、铜陵（0.1）、池州（0）

二　消费相对关联度等级结构的现状分析

视角拉到城市层面，不同城市对的消费往来也有强弱之分，本研究通过对网络结构的相对关联度进行分析，研究城市群内任一城市对其他城市的一对一吸引度强弱。利用泰勒（Taylor，2001，2015）的城市相对关联度分析法，计算出某城市的超强关联城市及较强关联城市，并将这两类城市定义为该城市的"消费网络腹地"。

根据城市相对关联度法，对于长三角城市群内某一城市 j（消费吸引地），上文已计算出城市 j 的总关联度 M_j 及其对城市群内其他城市 i 的关联度 V_{ij}，对两者进行回归分析，取残差 R_{ij} 进行分析，过程为：

$$V_{ij} = a + b M_j + （R_{ij}）（i=1, 2, \cdots, n, j\neq1）\qquad（3-3）$$

依照泰勒的研究经验，观察残差 R_{ij} 正负，若为负则代表城市 j 与 i 之间的消费为"弱关联"（under-linked），若为正则代表两座城市消费为"强关联"（over-linked），也即城市 i 为城市 j 的消费网络腹地。进一步地，利用标准化残差分析强关联的城市对，如果标准残差大于 1 则两座城市为超强关联，如果标准残差处在 0 到 1 之间则为较强关联，结果见表 3-7。

表 3-7　　　　2019 年长三角城市群消费流的相对关联度情况

消费吸引地		消费网络腹地	
		超强关联（>1）	较强关联（0-1）
上海市		杭州市、苏州市、温州市、宁波市、南京市、嘉兴市、南通市、合肥市、无锡市	常州市、金华市
江苏省	南京市	上海市、苏州市、无锡市、徐州市、南通市、常州市、镇江市、淮安市、扬州市、温州市	泰州市、盐城市、连云港市、宿迁市、宁波市、合肥市
	苏州市	上海市、南京市、无锡市、徐州市、南通市	常州市、杭州市、镇江市、盐城市、扬州市、宿迁市、泰州市、连云港市、嘉兴市
	无锡市	上海市、南京市、苏州市	常州市、南通市、徐州市、泰州市、淮安市、杭州市
	常州市	南京市、上海市、苏州市、无锡市	镇江市、徐州市、南通市、连云港市、扬州市、杭州市、泰州市
	镇江市	南京市、苏州市、上海市	常州市、徐州市、无锡市、南通市、扬州市、泰州市、宿迁市、连云港市
	南通市	上海市、南京市、苏州市	无锡市、徐州市、泰州市、常州市、扬州市、杭州市、镇江市
	泰州市	南京市、上海市	苏州市、无锡市、南通市、扬州市、盐城市、徐州市、常州市、宿迁市、杭州市、镇江市

消费吸引地		消费网络腹地	
		超强关联（>1）	较强关联（0-1）
	扬州市	南京市、上海市、苏州市	徐州市、泰州市、南通市、常州市、无锡市、镇江市、连云港市、宿迁市、盐城市
	盐城市	南京市、上海市、苏州市	泰州市、无锡市、南通市、徐州市、常州市、扬州市、连云港市、镇江市
	徐州市	南京市、苏州市、上海市	无锡市、南通市、常州市、连云港市、扬州市、宿迁市、镇江市、泰州市
	连云港市	南京市	苏州市、上海市、徐州市、常州市、无锡市、南通市、扬州市、淮安市、镇江市、宿迁市、盐城市
	淮安市	南京市	上海市、无锡市、苏州市、宿迁市、南通市、徐州市、连云港市、扬州市、杭州市、常州市
	宿迁市	南京市、苏州市	上海市、徐州市、淮安市、无锡市、泰州市、扬州市、镇江市、连云港市、常州市、南通市
浙江省	杭州市	上海市、温州市、金华市、绍兴市、嘉兴市、宁波市、台州市、湖州市	--
	宁波市	上海市、杭州市、温州市、台州市、绍兴市	南京市、金华市、嘉兴市、舟山市
	温州市	杭州市、上海市、台州市、宁波市、金华市、南京市	绍兴市、嘉兴市、丽水市
	嘉兴市	杭州市、上海市、温州市	宁波市、苏州市、台州市、绍兴市、金华市、衢州市、湖州市
	湖州市	杭州市、上海市	温州市、苏州市、宁波市、嘉兴市、台州市、绍兴市、金华市
	绍兴市	杭州市、温州市、上海市、宁波市、台州市	金华市、嘉兴市、舟山市
	金华市	杭州市、温州市、上海市	宁波市、绍兴市、台州市、嘉兴市、衢州市

消费吸引地		消费网络腹地	
		超强关联（>1）	较强关联（0-1）
	衢州市	杭州市	温州市、金华市、嘉兴市、上海市、宁波市、台州市、绍兴市
	丽水市	杭州市	温州市、金华市、台州市、上海市、宁波市、绍兴市、嘉兴市
	台州市	杭州市、温州市、上海市、宁波市、绍兴市	金华市、嘉兴市、舟山市
	舟山市	--	宁波市、杭州市、温州市、绍兴市、上海市、台州市、金华市、嘉兴市
安徽省	合肥市	阜阳市、上海市、芜湖市、六安市、亳州市、蚌埠市、安庆市、宿州市	滁州市、淮南市、宣城市、马鞍山市、杭州市、南京市
	宿州市	合肥市	上海市、徐州市、淮北市、蚌埠市、阜阳市、南京市、芜湖市、苏州市、杭州市
	淮北市	--	合肥市、上海市、宿州市、杭州市、徐州市、芜湖市、南京市、阜阳市、苏州市、蚌埠市
	亳州市	合肥市	上海市、阜阳市、杭州市、芜湖市
	阜阳市	合肥市	上海市、芜湖市、亳州市、杭州市、蚌埠市、宁波市
	蚌埠市	合肥市	上海市、南京市、阜阳市、滁州市、芜湖市、安庆市、宿州市、淮南市、杭州市
	淮南市	合肥市	上海市、六安市、阜阳市、蚌埠市、芜湖市、苏州市
	滁州市	合肥市	南京市、上海市、蚌埠市、芜湖市、阜阳市、苏州市、杭州市
	六安市	合肥市	上海市、苏州市、淮南市、杭州市、阜阳市、芜湖市
	马鞍山市	合肥市	南京市、上海市、芜湖市、阜阳市、宣城市
	安庆市	合肥市	上海市、蚌埠市、芜湖市、铜陵市、阜阳市、杭州市、南京市

消费吸引地		消费网络腹地	
		超强关联（>1）	较强关联（0-1）
	芜湖市	合肥市	上海市、阜阳市、南京市、马鞍山市、宣城市、杭州市、蚌埠市
	铜陵市	--	合肥市、安庆市、上海市、芜湖市、南京市、杭州市、池州市、黄山市
	宣城市	合肥市	上海市、杭州市、芜湖市、阜阳市、南京市、苏州市、黄山市、马鞍山市
	池州市	--	合肥市、上海市、安庆市、芜湖市、杭州市、阜阳市、铜陵市
	黄山市	--	合肥市、上海市、杭州市、芜湖市、宣城市、阜阳市、六安市、安庆市、苏州市

　　总体上，长三角城市群整体消费相对关联度较高。从省份角度来看，安徽省与长三角城市群的内部联系最弱。从城市角度来看，上海市的影响范围最大，但并未实现长三角城市群的全覆盖，2019年上海市并非对所有其他长三角城市在消费上强关联。省会城市的影响力主要体现在与省内城市的强关联，在江苏省，南京市已经是省内其他所有地级市的超强关联消费网络腹地，非省会地级市都和省会形成了超强或较强关联关系；在浙江省，除了衢州市、舟山市和丽水市之外，所有其他非省会地级市均与省会有超强关联关系。

　　根据《长江三角洲城市群发展规划》，上海市作为区域中心城市的使命得到明确强调，省会城市南京市、杭州市、合肥市及苏锡常等城市更紧密的互动与融合有待探索。本章尝试从消费流的视角，分析这几座城市的关联度。

　　上海市：腹地范围最广且关联度最强，不仅同时涵盖杭州市、南京市和合肥市 3 个省会城市，其超强关联城包括了温州市、宁波市和嘉兴市这 3 个浙江省的地级市，以及苏州市、南通市、无锡市这 3 个江苏省的地级市，较强关联城包括 1 个浙江省的地级市（金华市）和 1 个江苏省的地级市（常州市）；整体上，上海市与浙江省地级市的消费关联度更强。

南京市：唯一一个腹地范围覆盖本省全部地级市的长三角省会城市，并且除上海市外还扩及温州市、合肥市和宁波市三座省外城市。具体包括 8 个本省超强关联的地级市（苏州市、无锡市、徐州市、南通市、常州市、镇江市、淮安市、扬州市）、4 个较强关联的省内地级市（泰州市、盐城市、连云港市、宿迁市）、1 个浙江省超强关联度的地级市（温州市）、1 个浙江省较强关联度的地级市（宁波市）、1 个安徽省较强关联度的地级市（合肥市），以及南京市的腹地中关联度排首位的上海市。

杭州市：腹地范围除上海之外均为省内城市，具体为温州市、金华市、绍兴市、嘉兴市、宁波市、台州市和湖州市这 7 个超强关联的本省地级市，而衢州市、舟山市、丽水市这 3 个本省地级市尚未成为杭州市的消费关联腹地。

合肥市：唯一一个与上海市、南京市、杭州市均强关联的省会城市，但腹地范围集中在省内。具体包括 7 个超强关联的省内地级市（阜阳市、芜湖市、六安市、亳州市、蚌埠市、安庆市、宿州市）、4 个较强关联的省内地级市（滁州市、淮南市、宣城市、马鞍山市），但淮北市、铜陵市、池州市、黄山市 4 个地级市目前还不是合肥市的消费腹地。

苏州市：作为非省会的地级市，其腹地范围相对于南京市较窄，但腹地个数超过了上海市、杭州市和合肥市，且包含了省外城市。具体包括 5 个超强关联城市（上海市、南京市、无锡市、徐州市和南通市），7 个本省的较强关联城市（常州市、镇江市、盐城市、扬州市、宿迁市、泰州市、连云港市），以及杭州市、嘉兴市这两个省外城市，消费腹地主要是邻近大城市与周边城市。

第四节 上海市在长三角消费网络中的地位和作用

一 上海市在长三角消费网络中所处的地位分析

通过对上海市与长三角城市群的整体刷卡消费情况进行分析，上海市在长三角消费网络体系中所处的地位有以下特点。

第一，从长三角城市群全域范围来看，上海市的消费腹地地域较广，与江苏省、浙江省和安徽省境内的地市关联性都比较强，而且这种密切的往来表现为双向同步，即对上海市消费额比较高的城市，上海市通常对其消费额也比较高。上海市作为当之无愧的消费中心城市，不仅吸引长三角各地的消费，也能够通过自身消费带动其他城市消费升级。

第二，从长三角城市群城市经济能级来看，上海市与整个长三角城市群消费总关联度的强弱与城市的经济能级高低有正相关关系，即上海市与三座省会城市（杭州市、南京市、合肥市），以及宁波市、苏州市这几个经济发展位居前列的城市在消费关联度上也是更强。

第三，从长三角城市群城市辐射距离来看，与上海市呈较强消费关联性的城市在空间距离上离上海市更近。依照《上海市城市总体规划（2017—2035年）》，其中规划的上海都市圈范围与本书分析得出的上海消费强关联城市群范围相比，除去舟山市，其余城市都是重合的。

第四，从长三角城市群城市人均刷卡等级来看，上海市虽然在总刷卡金额和人均刷卡等级上都在城市群中占据首位，但是相比较于总刷卡金额，人均刷卡的领先优势并不突出，与排名第2位的杭州市相差无几。

第五，从长三角城市群消费网络结构来看，上海占据网络中的核心地位，但从消费关联度来看并未能实现长三角城市网络影响力的全覆盖，特别是对于地处苏北、安徽省大部分的城市影响力有限。

二 提升上海市在长三角消费网络中能级的建议

为进一步提升上海在长三角消费网络中的地位和作用，加快建设国际化消费中心城市，本章提出如下建议。

一是要紧抓举办"中国国际进口博览会"这一重大历史机遇，充分发挥其溢出效应，创造良好的政策环境和市场氛围，推动进口贸易平台的搭建，借此积极引进国际化的品牌，让更多具备优秀市场和研发能力的区域总部、中心等落户上海，吸引具有国际影响力和链接能力的供应商、机构，有效赋能本土的跨国商业集团。

二是紧跟消费市场风向，着力建设高品质消费集散地。借力首店经济，布局首店经济策略并制定相关细则，吸引更多优质国内外知名品牌的首秀、首发活动，壮大建设国际消费中心城市的队伍。挖掘地区文化传统，传承城市精神特质，在未来特色商圈建设中融合高端商业与人文艺术、休闲体验服务。

三是参照国际标准，完善制度和保障体系。制度基础是稳步建设国际消费中心城市的保障，市场方面，可以尝试将信用纳入监管机制，推动消费环境的诚信建设，提升对消费者权益的保护力度；人才方面，可以通过相关的制度和福利保障，吸引储备各个行业的优秀人才。积极建立长三角城市群内部的制度联系，形成合力，共促长三角地区各类消费市场的协同发展。

第四章

长三角地区科技创新一体化
水平评估与政策创新[*]

当前新一轮科技革命和产业变革方兴未艾，科技创新的范式革命正在悄然兴起。推动区域创新"内聚外合"式发展，不仅仅是加快培育具有全球影响力的科技创新高地的时代使命，亦是促进区域协调发展、创新发展、可持续发展和高质量发展的客观需要。长三角地区经济发达、地域相邻、人缘相亲、文化相通，发展一体化正当其时。站在新的历史起点，促进长三角区域创新资源高效流动和优势互补，推动区域科技创新一体化，打造科技创新共同体，对加快建成体系高度开放、资源高效配置的全球创新高地和实现长三角更高质量一体化发展意义深远。

第一节　长三角地区科技创新一体化发展现状

伴随着长三角一体化进程不断加快，长三角科技创新一体化呈现出诸多鲜明特征，主要表现在以下八个方面。

---

* 本章执笔人：朱春奎，复旦大学国际关系与公共事务学院教授；姜春，复旦大学国际关系与公共事务学院博士研究生；宋志，复旦大学国际关系与公共事务学院博士研究生。

一是长三角区域科技创新总体呈现增长态势，是全国重要的技术创新策源地。从长三角区域专利产出规模来看，在2008—2017年，长三角区域技术创新专利产出总量总体呈现增长态势，由2008年的28.17万件到2017年的119.91万件，年均增幅40.50个百分点。长三角区域专利占全国总量的比重基本保持在35%左右，是全国技术创新策源地的重要一极。从省际来看，江苏省专利产出量最多，10年累计产出专利312.47万件，占长三角区域专利数量的44.02%；其次为浙江省（228.11万件）、上海市（86.90万件）、安徽省（82.31万件）。从增幅来看，2008—2017年，长三角地区专利产出增幅总体上与全国平均水平持平，长三角区域专利产出年均增幅为17.99%，全国平均水平为20.65%。具体到各省份来看，浙江省、江苏省、安徽省专利产出增速较为明显，特别是安徽专利产出年均增幅达到41.51%，远高于长三角区域和国家平均水平。

从长三角区域专利年度变化来看，2008—2017年间，长三角跨省域合作专利总量逐步增长，在2008年长三角跨省域合作专利数为530件，合作规模总体较小，"十一五"期间长三角跨省域合作专利突破千件，2010年达到1015件。"十二五"期间长三角区域合作专利总量翻一番，2015年达到2098件。近年来，长三角区域技术创新合作进入新阶段，区域技术创新合作规模不断深化，2017年长三角跨省域合作专利达3425件。党的十八大以来，长三角区域合作势头不断加快，区域资源自由流动，区域技术创新正在加速深度融合，跨省域之间的技术创新合作进入加速时期。

二是上海参与长三角区域合作程度较高，江浙沪之间的创新合作密切。长三角区域"三省一市"两两合作的情况差异反映了长三角区域省际合作关系的强弱。2008—2017年，长三角各省（市）之间跨省专利合作强度存在显著差异性。按照两两省份合作专利产出的由高到低排序，依次为：上海市—江苏省、上海市—浙江省、江苏省—浙江省、江苏省—安徽省、上海市—安徽省、浙江省—安徽省。上海市—江苏两省（市）合作专利数最多，达到8047件，占长三角跨省合作专利量的比例将近一半（48.14%）。近年来，上海市与江苏省、浙江省、安徽省之间的科技创新活动尤为频繁，参与长三角区域合作程度较高，江、浙、沪三省之间的两两合作专利量占到长三角跨省专利合作量的82.86%。

三是上海市牵头跨省域合作专利增速较快，苏北、皖北等片区的创新合作有待强化。2008—2017年，以上海市作为第一专利权人的合作专利量6465件，占全部跨省域合作专利的41.79%。其次为江苏省（30.42%）、浙江省（21.16%）、安徽省（6.63%）。近年来，上海市牵头的跨省域合作专利增速较快，从2015年的38.36%到2017年的45.50%，增加7.14%；江苏省也保持了小幅增长，2017年较2015年增加了1.38%。浙江省和安徽省牵头的跨省域合作专利则呈现负增长，浙江省牵头的合作专利占当年长三角跨省域合作专利的比重从2015年26.22%下滑到2016年21.97%、2017年18.20%。

"三省一市"牵头的1.57万件合作申请专利中，主要城市的技术创新能力和水平呈现明显的差异性。区域中心性城市作为第一专利权人开展的技术创新活动较为活跃，上海、南京牵头的跨省域合作专利在千件以上。上海市（41.79%）、南京市（11.37%）、杭州市（6.09%）、苏州市（6.05%）、湖州市（3.54%）、温州市（3.40%）、南通市（2.59%）、无锡市（2.59%）、嘉兴市（2.44%）、合肥市（2.13%）等城市牵头申请跨省域专利合作密度位列长三角区域前十位。苏北、皖北等片区的城市牵头的技术创新合作活动不甚活跃，合作专利密度在1%以下。

合作专利的专利权人数量多少，可以反映出专利合作组织结构的最佳状态。如果一件专利拥有两个或多个专利权人且专利权人为组织，则可视为跨组织合作。2008—2017年长三角跨区域专利合作的专利权人数量构成呈现丰富的合作形式，不仅有两两合作，三者合作、四者合作等占有不同程度比例。长三角区域组织专利合作的形式，主要集中在四者以内的组织形式，其中，两两合作、三者合作和四者合作，占比达到95.39%。以两两机构合作形式开展的专利合作是长三角区域开展跨省域技术合作的较为普遍的选择。2008—2017年，长三角区域跨省合作专利以两两机构合作累计产出量为11536件，占全部合作专利的69.00%。

四是江浙沪对高质量技术创新的贡献度显著，沪宁苏杭是科技创新一体化的主要推动者。合作专利类型，反映着区域合作的质量。发明、实用新型和外观设计三种专利类型在技术含量、创造性高低、授予条件、审查程序、保护期限等方面存在着较大的差别。其中，发明专利的技术含量和创造性水平最高，是长三角区域技术创新合作的重点。2008—2017年，长三角区域合作专利总量逐年增加，2008 年长三角区域技术合作专利为 530 件，2017 年合作专利拥有量为 3425 件。按专利类型来看，2008—2017 年，长三角区域合作的发明专利数 8987 件，新型专利数 6606 件，外观专利数 1124 件，发明专利占比达到三大专利类型的 53.76%。具体到各年份，发明专利占当年专利数的比重基本保持在 50% 以上。综上所述，长三角区域合作以发明专利为主。这反映出经过 10 余年的发展，长三角区域合作专利质量得到大幅提升，区域间开展的技术创新合作取得实质性进展。

以合作申请专利的第一专利权人来看，长三角区域各省（市）在跨省合作专利申请中，牵头开展专利申请的总量由多到少的变化依次为：上海市（6630 件）、江苏省（4798 件）、浙江省（3238 件）、安徽省（970 件）。从各省（市）牵头开展的合作专利类型来看，江苏省、浙江省和上海市牵头的跨省域合作专利中发明专利占比均超过 50%，分别为 57.09%、55.96%、51.67%。2008—2017 年，上海市、南京市、苏州市、杭州市等城市一直处于长三角跨省域专利合作的前四位。此外，基于牵头开展合作的专利类型来看，上海市牵头组织的长三角跨省域合作专利以发明专利、实用新型专利居多（分别为 3426 件、2659 件），分别占同专利类型的 40.67%、42.37%。江苏省牵头开展的跨省域合作专利在发明专利和实用新型专利两种专利类型上，虽然次于上海市，但是明显优于浙江省和安徽省。上海市、江苏省在长三角跨省域协同创新合作中，对高质量技术创新的参与度和贡献度较为显著。

五是实用新型和外观设计有效率普遍高于发明专利，专利申请质量有待提升。企业、高校、科研院所及其他创新主体的技术创新能力存在一定差异性。2008—2017 年，企业牵头的合作专利以实用新型专利为主（4340 件），高校以发明专利为主（812 件）、科研院所以发明专利为主（90 件）、其他类专利以实用新型外观专利为主（68 件）。总体来看，长三角区域各类创新主体开展的专利合作呈现发明专利有效率普遍低于实用新型和外观设计有效率，发明专利有效率在 40% 左右。此外，2008—2017 年，长三角各省（市）内普遍存在发明专利有效率低于实用新型和外观设计有效率的现象。2008—2017 年，上海市企业跨省域合作发明专利有效率为 39.96%，实用新型合作专利有效率为 73.68%，外观设计合作专利有效率为 71.78%。从比较视角来看，浙江省企业牵头的合作发明专利有效率（45.53%）高于江苏省企业合作专利有效率（40.15%）高于上海市企业合作专利有效率（39.96%）高于安徽省企业合作专利有效率（35.81%）。从各省（市）内部来看，上海市科学研究院所牵头的跨省域合作专利有效率高于高校和企业创新主体，浙江省企业发明专利有效率高于科研院所和高校，江苏省企业发明专利有效率高于高校和科研院所，安徽省科研院所发明专利有效率高于高校和企业。由于部分城市发明专利、实用新型专利、外观设计专利数量较少，导致各类专利类型有效率存在极化现象。

六是企业是长三角科技创新一体化的主导者，企业主体的协同创新水平有待提升。对于每件专利，研究中针对企业、高校、研究机构、其他等主体性质构建了企企合作、企学合作、企研合作、企学研合作、企业其他合作、高校其他合作、学研其他合作的专利合作关系。2008—2017 年，长三角区域专利合作 7 种合作关系中，企企合作所占比例最大（69.97%），其次是企学合作（21.85%），再次为企研合作（3.49%），以上三种合作关系占样本数据中合作关系总数的 95.32%。企学研合作等其他 4 种合作关系所占比例总计仅为 4.68%。长三角区域技术创新合作多在企业与企业、企业与高校、企业与研究机构之间展开。企业广泛参与企业内部、高校、研究机构技术创新合作，但是产学研三者一体化协同参与专利合作的比重仍然较低（1.79%）。

2008—2017 年，长三角跨省域合作专利中企业主导型有 1.3 万件，占跨省域合作专利的 81.60%。在构建企业为主体、市场为导向、产学研深度融合的技术新体系建设中，长三角区域的企业创新性主体作用得以有效发挥。纵观长三角区域跨省合作专利类型，企业主导型是各省（市）技术创新合作的共性选择。上海市企业主导型占 78.63%、江苏省占 84.49%、浙江省 84.11%、安徽省 81.60%。具体到各省份内部时，江苏省更为倾向选择企业主导型的技术创新合作，而上海市与其他省份相比较，也更多发挥高校牵头作用，参与长三角省域技术创新合作。浙江省则注重企业、高校等创新主体之外的全社会其他创新主体的参与，其他主导型专利合作占 2.68%，高于其他省市。

七是合作范围基本覆盖了所有技术领域，集中在化工、机械工程和电气工程领域。长三角区域合作专利覆盖了电气工程、器械、化工、机械工程、其他领域五大类技术领域。按照合作专利在五大类技术领域集中程度的强弱依次为：化工领域、机械工程领域、电气工程领域、器械领域和其他领域。其中，跨省合作专利在化工、机械工程和电器工程技术领域最为集中，长三角跨省合作专利的78.89%分布在这三个大类技术领域。

随着长三角区域一体化战略的不断深入，长三角区域合作专利的技术领域也出现了明显的动态变迁。长三角区域专利合作的五大类技术领域在十年间基本保持了一定程度的增长。比如，在初始年份合作专利数最少的器械技术领域从2008年的41件增加到2017年的450件。电气工程技术领域一直是近十年来长三角跨省合作技术创新的重点，合作专利数量稳定增长。特别是化工技术领域的合作专利在2013年之前一直是长三角跨省域合作专利的密集领域，2013年化工技术领域合作专利数为556件，高于另四类技术领域的合作专利。2003—2015年长三角区域化工技术领域合作专利明显下滑，首次低于机械工程和电气工程技术领域发展。2016年以来，化工技术领域迎来快速发展的新阶段，从2015年的412件增加到2017年的1002件，增速处于五大技术领域之首。这种合作专利的技术领域的变迁，说明长三角区域在积极推动区域科技创新一体化的同时，自主创新能力显著提高，产业技术创新引领产业转型升级，助推高质量发展成效显著。

合作专利产出的技术领域分布，不仅体现着区域合作程度，而且反映着区域合作的优势领域。2008—2017年，长三角跨区域专利合作覆盖了94.29%的小类技术领域（生物材料分析、制药小类技术领域没有合作专利分布）。长三角跨区域合作专利分布的前10优势小类技术领依次为：电气机械、电气装置、电能，测量，有机精细化学，机床，控制，土木工程，化学工程，高分子化学聚合物，基础材料化学，机械元件。这十个技术领域集中了

8821 年长三角跨省域技术创新合作专利，占长三角跨省域合作专利总量的 56.57%。当把前十位小类技术领域映射到所属大类技术领域时，四个小类技术领域集中于化工大类技术领域（占16.71%），其次为机械工程大类技术领域（占 13.66%）、电气工程大类技术领域（占 13.27%）。

2008—2017 年，上海市牵头或参与长三角区域合作专利在五大技术领域的申请数量最多，累计有 1.3 万件，其次是江苏省（1.26 万件）、浙江省（0.78 万件）和安徽省（0.22 万件）。在化工技术领域，上海市从事跨省域专利合作量较多，达到 0.43 万件，在机械工程技术领域，江苏省各类创新主体跨省域专利合作量较多，为 0.33 万件，在电气工程技术领域，上海市地区产业科技力量雄厚，牵头或参与长三角跨省域合作专利量较多，为 0.33 万件，在器械技术领域，江苏省开展长三角区域创新能力较强，申请合作专利达到 0.18 万件。在其他技术领域，上海市牵头或参与长三角跨省域合作专利较多，为 0.08 万件。

八是以上海市为龙头的 PCT 专利申请规模不断扩大，城市间科技创新合作空间广阔。2008—2017 年，长三角区域主要城市申请 PCT 专利量达到 3.01 万件。长三角区域城市申请 PCT 专利总量前十位依次为：上海市、苏州市、杭州市、南京市、合肥市、无锡市、南通市、宁波市、常州市、徐州市。排名前十位的城市占到长三角全部 PCT 专利总量的 88.81%。其中，上海市申请 PCT 专利数遥遥领先，共计 1.12 万件，占 37.23%。长三角区域41 个城市中，有 21 座城市 PCT 拥有量在百件以上，上海市、苏州市、杭州市、南京市、合肥市、无锡市、南通市 PCT 专利维持在千件以上。在科技创新合作方面，2008—2017年长三角区域主要城市之间合作申请共计895件PCT专利，占长三角区域所有PCT申请专利比重为2.97%。

长三角地区正在着手打造数字经济产业集群，并力图将其培育成未来经济发展的新动能。新一代人工智能、集成电路、新型显示、大数据、新能源汽车等未来产业和重点领域正成为长三角推进产业发展一体化的方向。2008—2017年，长三角区域在重点技术领域共拥有PCT专利9036件，其中在集成电路技术领域拥有PCT专利件数最多，占比达到36.74%。按专利数量由多到少依次排序为：集成电路技术领域（3320件）、新型显示技术领域（2699件）、大数据技术领域（1070件）、人工智能技术领域（1023件）、新能源汽车技术领域（924件）。按省份来看，上海市在五大重点技术领域的发展势头表现强劲，拥有PCT专利4736件，其次为江苏省2229件，浙江省1207件，安徽省864件。在具体省份内部，上海市在全面领跑的同时，集成电路和新型显示技术领域发展较快。江苏省在集成电路技术领域表现不俗，这主要是缘于江苏省强大、坚实的先进制造业发展底蕴。浙江省也拥有较好的集成电路产业技术，安徽省在新型显示技术领域发展较好。

第二节　长三角地区科技创新一体化
发展面临的问题与挑战

在高质量发展诉求下，长三角区域科技创新合作面临严峻形势和短板，主要表现在以下八个方面。

一是长三角跨省域专利合作水平总体偏低。长三角区域创新一体化在很大程度上体现为跨行政区域的技术创新协同与合作。2008—2017 年，长三角区域技术创新专利产出总量总体呈现增长态势，合计产出 710 余万件专利，年均增幅 40.50%。长三角区域专利占全国总量的比重基本保持在 35% 左右，是全国技术创新策源地的重要一极。但是，较之于长三角区域专利产出的积极局面，跨省域合作专利情况却不容乐观。2008—2017 年十年间，长三角跨省域合作专利为 16717 件，占长三角区域专利总量的比重仅为 0.24%。2008 年长三角区域专利为 28.17 万件，跨省域合作专利为 530 件，占比仅为 0.19%，这一情况在近十年间没有发生较大的变化，2017 年长三角跨省域合作专利占区域专利总量的比重也仅为 0.29%。这与长三角区域一体化特别是跨省域一体化的战略导向差距遥远。这突出说明了在推进长三角区域科技创新一体化进程中，行政壁垒等因素仍然在很大程度上影响着区域技术创新一体化进程。

二是江浙皖之间的区域技术创新合作效果有待提升。长三角区域"三省一市"两两合作情况差异反映了长三角区域省际合作关系的强弱。2008—2017 年，长三角各省（市）之间合作强度存在显著差异性。按照两两省份合作专利产出由高到低排序，依次为：上海市—江苏省、上海市—浙江省、江苏省—浙江省、江苏省—安徽省、上海市—安徽省、浙江省—安徽省。由此可见，上海市与江浙皖省份开展的区域技术创新合作产出最多。尤其是上海市与江苏省、浙江省之间的区域合作产出占到长三角跨省合作专利的一半以上（11255件，占比67.33%）。然而，江苏省、浙江省、安徽省三省份的两两省份合作专利量不足5000件，占比仅为32.67%。浙江省—安徽省两省合作专利数仅有299件，占长三角跨省合作专利量的比例不到2%。未来，长三角区域科技创新一体化需要关注多极化效应，打造"百花齐放春满园"的一体化局面。

三是区域中心性城市牵头合作能力悬殊。在"三省一市"牵头的1.57万件合作专利中，主要城市的技术创新能力和水平呈现明显的差异性。2008—2017年，以上海市、南京市牵头的跨省域合作专利在千件以上。特别是上海市作为长三角跨省域合作专利活动的重要一级，牵头申请6546件合作专利。值得注意的是，除上海市、南京市之外，长三角区域其他城市牵头的区域合作专利数量均不足1000件，包括杭州市（953件）、苏州市（947件）等重要区域节点城市。作为国家三大综合性科学中心的合肥市牵头申请的跨省域专利合作数仅有333件，尚未充分发挥作为大科学中心所赋予的区域科技创新策源地、辐射带动、扩散转移等功能。

四是以企业为主体的产学研合作模式尚未形成主流。2008—2017年，长三角跨省域企业合作所占比例最大（69.97%），其次是企学合作（21.85%），再次为企研合作（3.49%），以上三种合作关系占样本数据中合作关系总数的95.32%。企学研合作等其他4种合作关系所占比例总计仅为4.68%，其中企学研合作专利占比1.79%。长三角区域技术创新合作多在企业与企业之间展开，企业牵头（参与）的多主体技术创新合作活动尚未形成主流，作为国家创新的基本途径和创新体系运行的基础——产学研合作模式，在长三角区域技术创新活动中不是普遍选择，技术创新合作方式单一，产学研融合深度、广度和效度有待提高。

五是国际顶尖实验室与研究机构缺乏。国家重点实验室是国家组织开展基础研究和应用基础研究、聚集和培养优秀科技人才、开展高水平学术交流的重要科技创新基地，是国家战略科技力量重要的组成部分，已成为孕育重大原始创新、推动学科发展和解决国际战略重大科学技术问题的重要力量。但与建设国际科创中心的要求相比，长三角区域内现有国家重点实验室还存在规模偏小、学科单一、前瞻性不够、重大原创性成果偏少、世界一流领军科学家不足、管理机制改革亟待深化等问题。相较于国际顶尖实验室，长三角区域内国际顶尖实验室极为缺失。比如美国劳伦斯伯克利国家实验室成立于1931年，拥有6个重点研究方向和6个国家用户装置，截至2018年，雇员3129人次，财政预算超过8.7亿美元，诞生了13位诺贝尔奖得主。

六是未来产业技术布局落后于国内其他先发地区。2008—2017年，长三角区域在五大重点技术领域虽然取得长足发展，但相较于国内其他地区仍然存在较为明显的差距。长三角区域在人工智能等五大技术领域累计PCT数为9036件，在全国占比仅为

7.04%，然而，北京市累计 PCT 专利超过万件，达到 11456 件，占全国比重为 9.38%，深圳市在新兴产业技术领域亦是发展强劲，在五大技术领域 PCT 专利数达到 24375 件，占全国比重将近 1/5。长三角区域在五大技术领域基本落后于北京市、深圳市等其他地区。以集成电路产业技术为例，长三角区域虽然拥有庞大的、较为完备的制造业产业集群，集成电路技术发展较为突出，拥有 PCT 专利 3320 件，但是三省一市申请总量基本与北京市持平，仅占深圳市的 1/2。

七是区域性技术转移体系不够健全。一方面，科技中介服务能力有限。总的来看，长三角地区经过 20 多年的发展，科技中介的总体架构已初步形成，尤其是科技中介的若干重点领域，例如科技咨询、技术市场和人才市场等已初具规模，对本地区经济发展发挥了一定的促进作用。但是问题也不容忽视：中介服务机构特别是跨区域的科技中介服务机构发育不好，规模小、能力弱、服务质量和水平低下。缺乏长三角统一的技术市场，没有统一的技术交易网络，市场不规范，技术经纪人的合法权益得不到保障。虽然各个城市都建有自己的高新技术开发区、科技创新创业园区。但是长三角地区却没有一个共同的高新技术开发区之类的创新载体。另外，相当一部分科技中介机构是从政府部门分离出来的，不仅在运行方式上遗留着行政机关的烙印，机制不够灵活，其主要业务也仅仅限于原有的行政管理范围，对政府的依赖性强，服务内容相对单一，服务能力有待强化。另外，受户口、档案、身份、住房、福利保障制度等体制性障碍的影响，长三角人才资源配置市场化程度不够高，影响了人才的合理流动。

另一方面，区域性转移转化基金投入短缺，科技风险投融资机制尚未成熟。至2014年成立国家科技成果转化引导基金创业投资子基金以来，长三角地区拥有8支，占全国总数的72.7%，但资金不足仍是制约各地区、各行业企业、高校院所科技成果转移转化的重要因素。其一，基金投入总量小、结构失衡。调研中发现，高校科技成果资金来源主要是靠各级财政拨款，高校自筹和金融机构贷款占比较小。校级成果转化基金总量小，相较于技术研究阶段有政府拨款、各类科学基金资助和商品化阶段有稳定的产品收益，成果转移转化阶段由于难以界定为科研活动，在资金投入上不易争取到足够的科研经费。各地方政府、园区虽然也成立了成果转化基金，但还是呈现"僧多粥少"现象。其二，资本市场支持创新的功能不足，科技风险投资机制仍有待进一步完善。现有资本市场发展虽然迅速，但资本的逐利本能占有很大的支配导向。由于科技成果的"高风险"特质与资本追求"短、平、快"背向而行，资本抑制创新的影响短时期内存在。"融资难""融资贵""融资累"严重影响了科技成果转化和产业化进程。例如，部分医药类科技成果，市场前景广阔，但受制于科技成果转化周期长、耗资量大，收益不确定，风险资金介入少，导致技术"束之高阁"，甚至埋没。

八是知识产权保护的配套制度有待完善。一方面，小微企业专利遭遇侵权风险高、维权难。举证难是各类专利权人（企业、高校、科研单位、个人等主体）反映的普遍问题。诉讼费用高、赔偿低、判决执行难等，大部分案件即便胜诉获得赔偿，也依然无法补偿诉讼有关成本，司法维权成本超过了企业出售专利的收益预期。另一方面，专利保护需求旺盛，专利行政执法的主动性有待强化。从宏观层面来看，近年来，我国专利保护环境不断优化，长三角地区经济发展程度较高，科技创新氛围较为浓厚，在知识产权方面出台了各类政策措施，但从微观行动者的角度来看，专利保护仍亟须继续加强。虽然对专利保护已有顶层设计，但运用审查授权、行政执法、司法保护、仲裁调解等多种渠道，构建知识产权大保护的工作格局仍处于"碎片化"，还未形成合力。专利行政执法办案力度仍须持续加大，对专利侵权行为的高压态势仍须强化，重点领域和关键环节专利执法和维权救援工作仍任重而道远。

第三节　促进长三角区域科技创新一体化高质量发展的对策建议

打造长三角科技创新共同体，亟须多措并举促进长三角区域科技创新高质量一体化。要推进长三角科技创新高质量一体化发展，建议做到以下九点。

一是提升区域科技创新能力，带动跨区域科技创新合作水平。需要意识到上海市与长三角其他省市之间的关系，是合作、平等和协同的关系，注重衔接，整合资源，不断促进功能布局互动，形成分工合理、优势互补、各具特色的空间格局。长三角江浙沪皖等省（市）要注意引导合理的区域分工，应基于资源禀赋，立足自身特色，发挥各自比较优势。积极推进长三角一体化的研发公共服务平台与功能性创新平台建设，成立长三角科技创新联合服务中心。打通区域内政府、企业与科研机构的沟通渠道，搭建区域创新服务网络，具有提供专业委托研究、联合攻关、信息服务、技术检测、产品设计、成果孵化等创新创业服务的能力，为区域科技创新提供一站式服务，推进区域范围内产学研资源的集成与互动。

二是突破体制性障碍，提高市场化配置资源程度。进一步完善区域发展的综合政策体系，保证各级各类规划间的整体性、统一性以及规划实施过程中的有效性和权威性。对长三角科创圈科技创新共同体建设过程中遇到的省域科技创新管理机构不统一、政策标准不统一、服务机构标准不统一、支持范围及力度不统一、使用流程规范不统一、兑现方式不统一等问题，破除地区封锁和市场分割。借鉴发达国家的经验，组织实施长三角一体化的小企业创新研究计划，加强科研项目和经费管理的统筹协调，建立多部门参与和跨部门协同机制，形成各部门合力推动中小企业创新发展的整体性治理模式。小企业创新研究计划可鼓励小企业针对政府研发目标，参与具有商业化潜力的政府研发工作，改善过去仅由科技部门提供企业资助的状况，建立以小企业为核心、以跨部门政策委员会为沟通桥梁，包括几乎所有关键产业部门的整体性科研计划治理模式。

三是服务企业主体性角色，培育产学研深度融合微创新生态系统。长三角地区要以中国不断增长的、庞大的内需为基础，扶持和培育企业做强，鼓励区域内企业进行收购兼并，以企业为主体进行产业合作与协调，利用好市场的结构效应和竞争协调效应。调整产业政策的实施方式，推进经济从"发展竞争"转向

"平等竞争"。组织实施长三角一体化服务创新工程。要高度重视服务创新，把服务创新与产品创新摆在同等重要的位置，全面提升现代服务业科技含量。当务之急是借鉴国际经验，开展服务创新调查，摸清长三角服务业创新活动的现状。

四是树立产业和科技融合理念，塑造区域协同融合发展新格局。针对江浙沪皖区域协同创新网络的弱关联现象，要突出重要区域科教城市的教育资源、人才资源向周边地区进行转移和释放的潜能和责任。上海市、合肥市、南京市、杭州市和一些重点发展城市，要注重弯道超车，在重点方面要有突破，构建以智能制造为主的工业4.0体系，加快布局和实施以抢占全球科技创新制高点和重大战略性新兴产业突破为目标的区域技术创新合作发展模式。

五是重组国家重点实验室，发挥长三角国际科创中心引领作用。组建国家重点实验室联盟，促进人才流动，推进协同创新。围绕学科领域、行业发展和区域创新组建实验室联盟，把现有战略力量有效组织起来，集中力量办大事，协同开展共性重大科学问题和战略方向的联合研究。强化与企业国家重点实验室和龙头企业的联合与协作，打通基础研究与产业关键技术的通道，大范围聚集国际优秀人才。

六是打破技术交易区域壁垒，协力构建技术交易平台"一张网"。推动中央和地方各类科技计划、科技奖励成果存量与增量数据资源互联互通，建立区域科技成果信息系统。利用上海市闵行国家科技成果转移转化示范区、宁波国家科技成果转移转化示范区、苏南国家科技成果转移转化示范区建设形成的政策叠加效应和工作合力，按照国际标准，推动国际技术转移网络建设，探索与国际规则接轨的技术转移机制，推动科技成果资源开放共享。

七是加强区域内高科技园区的协调与互动，构建协同创新载体。引导大企业、大项目进园兴业，壮大园区经济实力。要走专业化园区的路子，增强园区经济的核心竞争力。各类园区要争创特色。要创新体制机制，增强园区经济活力。要充分利用国家级高新区的体制机制和政策优势，整合园区资源，走"一区多园、一园多基地"的路子。

八是联合加强知识产权保护，促进更大范围内产权保护超前布局。积极推动《专利法》修改。长三角各省市可以以保护产权、维护契约、统一市场、平等交换和公平竞争为基本导向，完善相关法律法规。发挥知识产权司法保护的主导作用，完善行政执法和司法保护两条途径，探索优势互补、有机衔接的知识产权保护模式。加大对各类侵权行为惩治力度，引入侵权惩罚性赔偿制度，营造更好的创新环境和营商环境。

九是营造一体化氛围，充分发挥网络媒介的正向传播效应。营造有利于长三角区域一体化的社会氛围。充分发挥传统媒体与新媒体的不同功能，增强对长三角区域一体化的社会认知、认同感和归属感；积极支持各部门各区交流好经验、好做法，对可复制、可推广的区域合作的经验和模式及时总结推广。发布年度区域科技创新发展白皮书。

第五章

长三角地区一体化生态
环境治理评估*

长三角城市群地处亚热带中北部、中国东部沿海地区与长江流域的接合部，包括上海市及江苏省、浙江省、安徽省三省，是世界第六大城市群、"世界制造业基地"和中国城镇分布密度最高、经济发展最具活力的地区之一，在我国具有十分重要的地位。改革开放以来，在经济上取得瞩目成就的同时，粗放的经济发展方式造成了较为严重的生态环境破坏。面对上述困境，长三角地区在管理体制机制方面进行了一系列改革与创新，也取得了一定的阶段性的成就，但仍面临人口资源环境约束趋紧、管理体制机制与新时期要求仍有差距等问题。

2018 年 11 月 5 日，习近平总书记在首届中国国际进口博览会开幕式主旨演讲中明确指出，将支持长江三角洲区域一体化发展并将其上升为国家战略。2019 年 5 月，中共中央政治局会议审议了《长江三角洲区域一体化发展规划纲要》。该纲要将强化长三角地区

---

* 本章执笔人：包存宽，复旦大学环境科学与工程系教授；董骁，复旦大学环境科学与工程系讲师；王文琪，复旦大学环境科学与工程系博士研究生；田丰，复旦大学环境科学与工程系硕士研究生；夏甘霖，复旦大学环境科学与工程系博士研究生。

生态环境共保联治摆在了突出和重要地位，明确指出各行政区域要共同加强生态保护，积极推动生态环境协同共治和协同监管。生态环境治理一体化，是长三角区域高质量一体化发展的重要方面。

本章旨在构建长三角生态环境治理一体化的评估框架，并用典型指标其进行评估，最后给出若干政策建议。

第一节　内在机理分析

制度是一个国家发展的基本保障和重要支撑，制度优势是一个国家的最大优势。2017 年，党的十九大报告指出："中国特色社会主义进入了新时代，这是我国发展新的历史方位"，并提出新时代要"明确全面深化改革总目标是完善和发展中国特色社会主义制度、推进国家治理体系和治理能力现代化"。2019 年，党的十九届四中全会通过了《中共中央关于坚持和完善中国特色社会主义制度　推进国家治理体系和治理能力现代化若干重大问题的决定》（以下简称《决定》），充分肯定了我国国家制度和国家治理体系的优势，说明了我国国家制度和治理体系具有强大生命力和巨大优势，提出了构建国家治理体系和治理能力现代化的总体框架。其中，构建生态环境治理体系和治理能力的现代化既是我国社会主义生态文明制度体系及其执行能力的集中体现，又是全面践行习近平生态文明思想的重要抓手，也是我国生态环境制度优势不断完善的重要进路。

2020 年 3 月，中共中央办公厅、国务院办公厅印发了《关于构建现代环境治理体系的指导意见》（以下简称《指导意见》），目标为到 2025 年，建立健全环境治理的领导责任体系、企业责任体系、全民行动体系、监管体系、市场体系、信用体系、法律法规政策体系，落实各类主体责任，提高市场主体和公众参与的积极性，形成导向清晰、决策科学、执行有力、激励有效、多元参与、良性互动的环境治理体系。2021 年 3 月，全国两会通过的《国民经济和社会发展第十四个五年规划和二〇三五年远景目标》，提出了包括"生态环境持续改善""国家治理效能得到新提升"等在内的多项经济社会发展目标。

可以说，制度优势与治理效能存在密切的联系。首先，制度是治理的基础，决定着治理的立场、原则和方向，同时也影响着经济社会发展活力、社会基本结构、公民行为秩序、百姓生活方式、文明基本标识和权力运作模式。可以说，制度体系的显著优势是治理效能得以释放的前提与基础。

其次，治理效能是制度实施的最终体现。治理不能脱离制度，制度的优劣好坏和科学完善程度，往往要通过治理的水平、能力、效果来体现。好的制度要通过行之有效的治理来实现，而有制度执行效果的治理才能让制度彰显效力，科学的制度才可能有科学和有效的治理。当然，治理的成效，除与制度有关之外，也可能与人的主体性活动有关。

最后，制度优势能否转化成治理效能取决于内在机制。制度优势是来自制度本身设置的客观导向与价值取向的贯通。客观导向即客观规律性、现实操作的可行性。客观导向解决的是制度实施的能力等现实性因素，价值取向解决的是制度的前提条件和意愿带来的转化的可能性因素。这两种因素决定着制度效能的现实转化力度和效度。制度优势是制度设计层面的前提条件，治理效能是制度实践层面的目标导向，两者的协同提升寓于制度建设的动态过程之中。通常，绩效是治理效能的最终体现，尽管往往需要通过各类指标进行表征，但其背后则是治理制度、治理能力和行动及其构成的复杂网络或复杂关系下相互作用的结果。

随着我国迈入新的发展阶段，人民对美好生活和安全稳定的向往与期盼越加强烈，对"优势转化"也提出了更高的要求。在此背景下，要想把生态环境的制度优势转化为治理效能，需要在创新思维的引导下，深入了解新的目标任务，适应新的国内外形势。本章将选取地级市作为研究尺度，衡量制度优势是否转化为了治理效能，出于以下五个方面的考虑。

第一，地级市拥有地方立法权，既可进行创新型立法，又可对上位法予以细化和补充，是衡量制度优势的合适尺度。法作为制度重要的确立形式，在制度优势转化为治理效能的过程中发挥着重要的作用。城市治理需要法治化，有能为大多数人接受的"法"，并依法管理，这是提升社会自我治理能力现代化的重要一环。地级市被赋予立法权，制定地方性法规，是我国法治建设的大事，其意义和作用之重大毋庸置疑。2015 年，《中华人民共和国立法法》进行修改，将地方立法权由较大的市、省会市以及 4 个经济特区所在地的市扩大至全部 282 个设区的地级市，并规定可根据本市的具体情况和实际需要，在不同宪法、法律、行政法规和本省、自治区的地方性法规相抵触的前提下，对城乡建设与管理、环境保护、历史文化保护等方面的事项制定地方性法规。此后，各市在享有立法权的同时可因地制宜制定自己的法规，以此针对性地调节经济发展过程中的矛盾，一定程度上保障了地方的自主性改革，同时提高了政府的治理效率。各城市在拥有地方立法权的基础上，既可借鉴国内外的先进经验进行顶层设计，将本地改革创新的成果予以固化，开创本地依法治理的新局面，又可对上位法予以细化和补充，增强法律法规的可操作性，促进制度更快更好落地。

第二，地级市财政事权和支出责任的匹配程度影响政府行为，进而影响绩效。2020 年，随着《生态环境领域中央与地方财政事权和支出责任划分改革方案》发布，各省也相继发布《生态环境领域省级与市县财政事权和支出责任划分改革实施方案》（以下简称《方案》），《方案》将制定市县级生态环境保护规划、政策及生态环境领域地方性法规、规章、规范性文件和标准、技术规范等确定为市县财政事权，由市县承担支出责任。由此，城市的生态环境规划及规制都归属为地级市的财政事权，并由其承担支出责任。地方政府的财力与支出责任匹配程度越高，其在考虑支出安排时越具有自主灵活性。而财力与支出责任不匹配所带来的财力缺口以及支出压力将严重影响地方政府的行为。

第三，近年来的环境保护垂直监管体制改革，使得地级市在环境保护中真正发挥上传下达的作用，成为衡量生态环境治理绩效的合适尺度。2016 年，中共中央办公厅、国务院办公厅正式印发《关于省以下环保机构监测监察执法垂直管理制度改革试点工作的指导意见》（以下简称《意见》）。《意见》指出，市级环保局实行以省级环保厅（局）为主的双重管理，仍为市级政府工作部门；县级环保局调整为市级环保局的派出分局，由市级环保局直接管理，领导班子成员由市级环保局任免。改革之后，市级环保部门双重管理体制及县域派出机构的设立，有助于市级环保部门了解基层环保情况并进行汇总，也有助于及时向省级环保部门反馈，纠正"地方规制偏向"的问题，提升了环境规制机构的规制强度。

第四，我国历来将党政领导干部考核结果与选拔任用、管理监督、激励约束、问责追责等结合起来，以达到鼓励先进、鞭策落后，促进担当作为，严厉治庸治懒的效果。近年来，在政府治理改革的背景下，我国党政领导干部考核纠正了以往单纯以经济增长速度为标准的考核"指挥棒"，突出高质量发展导向，落实新发展理念，因地制宜合理设置经济社会发展实绩考核指标和权重。同时，是否推动本地区生态文明建设，解决发展不平衡不充分问题，满足人民日益增长的美好生活需要的情况和实际成效也成为考核的重要内容。由此，围绕生态文明建设自上而下的各类国家级、省级、城市示范区创建和地方试验大力推进、普遍开展，如"全国文明城市""国家环境保护模范城市""国家生态园林城市""国土资源节约集约模范市""全国绿化模范城市"，成为了各级地方政府工作的重点。因此，从政绩考核的角度来看，城市（地级市）也是衡量生态环境制度优势转化为治理效能的合适尺度。

第五，地级市下属的区县无论是制度、能力、行为，还是绩效，趋同性都较强，在此尺度上进行评估，具有代表性。同一省份下属的不同地级市，受地理因素的影响，往往呈现出东西差异较大，南北发展水平不同的特点；同一区县下属的不同乡镇（街道）差异过小，同时由于规模较小，各类指标数据通常不易获得。地级市作为现代经济增长的主要空间单位，不但是经济发展的标志，更是在地方层次落实全球可持续发展战略的合适尺度。

综上，本章从地级市空间与行政区域"尺度"着手，以治理绩效为抓手，以衡量制度优势转化为治理效能为目标，分析影响治理绩效的治理行为、能力和治理制度的因素及关键变量，研究环境治理的"制度—能力/行为—绩效"的正负反馈关系，构建长三角生态环境治理一体化的绩效评估框架。

第二节 制度—能力/行为—绩效评估框架

本章构建如图 5-1 所示的"制度—能力/行为—绩效"的分析框架，既可反映目标导向，又可反映问题导向。

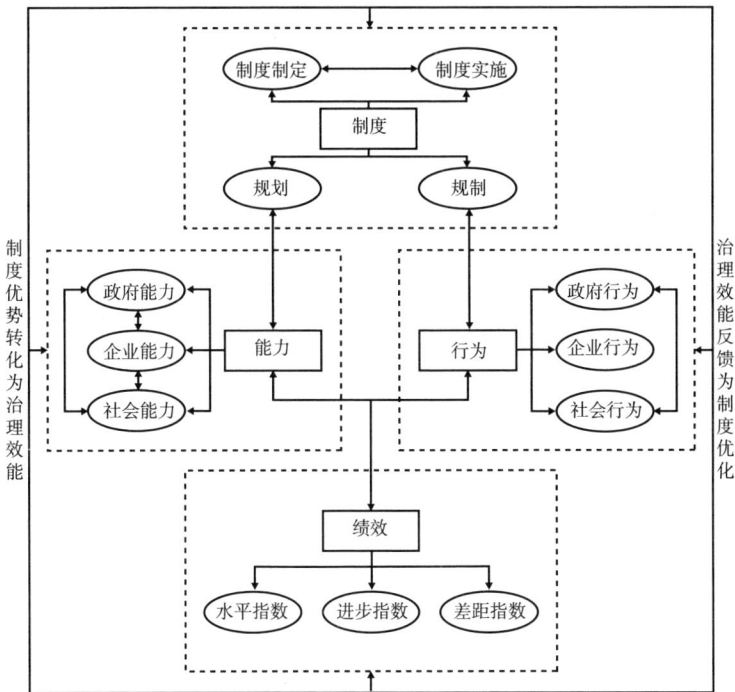

图5-1 制度—能力/行为—绩效评估框架

第一，生态环境制度可以约束、引导各类主体的行为，也可提升各类主体的能力，各类主体的能力水平和具体行为决定了生态环境的绩效。由此，制度优势转化为了治理效能，这是本章的目标导向。

第二，生态环境现有绩效的好坏情况，可以促进各类主体行为和能力的改变，之后对规制和规划这两类制度分别做出相应的反馈，促使制度进一步地优化。治理效能反馈为制度优化，这是本章的问题导向。

具体而言，制度层面包括制度制定和制度实施。制度既包括强制性、命令性的规制，也包括战略性、前瞻性、导向性的规划。能力是行为主体通过做出或履行承诺以应对环境问题的过程中，承担成本和获得收益的条件和力量。制度的生命力在于执行，制度执行越有力，治理能力越有效。行为、能力层面均同时包括政府（中央政府、地方政府与基层政府）、企业以及社会三方面。绩效层面包括水平绩效指数、进步绩效指数、差距绩效指数。

第三节　生态环境治理制度、能力、行为评价

一　生态环境治理制度评价

制度评价不仅应该包括对规划的评价，也要包括对规制的评价。具体来说，可选取以下指标作为制度评价的构成：规制政策制定的创新情况、规划的创新情况、主动融入一体化的规制政策情况、主动融入一体化的规划情况、该城市与其他城市联合发布

制度以及与其他城市进行规划联动的情况等。

二 生态环境治理能力评价

本章根据生态环境治理方面的实际情况和特点，从投入和产出两个方面着手，旨在反映政府、企业、社会三方面的治理能力，可选取以下指标：资本投入（科研经费支出占 GDP 的比重、规模以上工业企业科研经费内部支出）、人力投入（科技从业人员数、从事环境行业的人员数）、经济产出（人均 GDP）、创新产出（人均国内专利授权量）、教育产出（15 岁以上人口平均受教育年限、高等院校学生占总人口比例）进行评价。

三 生态环境治理行为评价

"国家—市场—社会"是现代社会系统的基本结构方式，"政府—企业—社会"互为前提、相互制约，在我国环境治理中发挥了各自独特的作用。总体而言，我国环境治理由政府、企业和社会及三者间的相互关系构成，其关系可简述为：政府是规制者和被监督者，企业是被规制者、被监督者，社会是监督者、被规制者。三者形成的网络有利于打破地方政府与污染企业在信息不对称和监管失灵背景下的环境负外部均衡，促进"三方共治"体系的建立。

据此，本章将生态环境治理行为分为政府行为、企业行为、社会行为评价三方面，选取如下指标作为生态环境治理行为指标：政府行为（环保支出占 GDP 的比重、环境信息公开情况）、企业行为（企业获得资格认证情况、重点排污单位自行监测情况）、社会行为（公众投诉上访情况、公众建言献策情况）。

第四节　生态环境治理绩效评价

一　指标体系

本章的指标体系的筛选原则如下。

第一，科学性原则。参照《美丽中国建设评估指标体系及实施方案》（发改环资〔2020〕296号）、《国家生态文明建设示范市县建设指标》（环生态〔2019〕76号）、《绿色发展指标体系》（发改环资〔2016〕2635号）等国家级文件，确立本指标体系。

第二，综合性原则。本指标体系在"大环境"范围内，综合考虑了生态安全、环境质量、资源利用、生态人居等各方面，旨在对"大环境"进行全面的评价。

第三，前瞻性原则。本指标体系着眼于长三角生态环境一体化战略，充分考虑长三角地区系统的动态变化，以求综合反映长三角地区发展的现状及其发展趋势。

第四，可操作性原则。为简化工作，便于收集指标，本指标体系简单明了，相关指标及数据通过公开途径即可获得。

本章建立的指标体系中，目标层关系如图5-2所示。生态安全、环境质量与资源利用相互影响，三者同时也决定了人居环境的优良程度；反过来，人居环境的优良程度又可对生态、环境、资源这个"大环境"造成影响。具体目标层、准则层、指标层、指标性质、衡量范围及指标依据如表5-1所示。

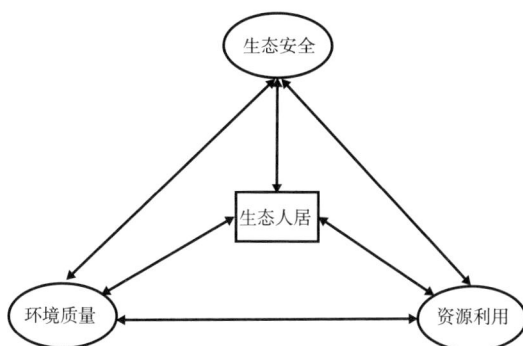

图 5-2　指标体系的目标层关系

表 5-1　　　　　　　　　　　**生态环境治理绩效指标体系**

目标层	准则层	指标层	性质	范围	指标依据
生态 安全 保障	生态 安全	受保护地比例	约束性、定量	市域	生态文明建设试点示范区 指标
		森林覆盖率	约束性、定量	市域	美丽中国建设评估指标 体系
	环境 安全	河湖水面率	约束性、定量	市域	各市生态环境规划
		突发环境事件次数	约束性、定量	市域	生态文明建设考核目标 体系
环境 质量 改善	水清	地表水水质优良率	约束性、定量	市域	绿色发展指标
		地表水劣Ⅴ类水体 比例	约束性、定量	市域	绿色发展指标
		集中式饮用水源地 水质达标率	约束性、定量	市域	美丽中国建设评估指标 体系
	天蓝	颗粒物年均浓度	约束性、定量	城区	美丽中国建设评估指标 体系
		空气质量优良天数 比例	约束性、定量	城区	绿色发展指标

目标层	准则层	指标层	性质	范围	指标依据
	土净	空气重度及以上污染天数比例	约束性、定量	城区	国家生态文明建设示范市县评选
		污染地块安全利用率	约束性、定量	市域	绿色发展指标
		耕地土壤质量达标率	约束性、定量	市域	美丽中国建设评估指标体系
		化肥使用量	约束性、定量	市域	绿色发展指标
		农药使用量	约束性、定量	市域	绿色发展指标
	声静	声环境功能区达标率	约束性、定量	城区	各市生态环境规划
资源利用高效	能源	能源消费总量	约束性、定量	市域	绿色发展指标
		单位 GDP 能源消费量	约束性、定量	市域	生态文明建设试点示范区指标
		CO_2 排放量	约束性、定量	市域	各市生态环境规划
		单位 GDP CO_2 排放量	约束性、定量	市域	绿色发展指标
	水	用水总量	约束性、定量	市域	绿色发展指标
		单位 GDP 用水量	约束性、定量	市域	绿色发展指标
		工业用水循环利用率	约束性、定量	市域	生态文明建设试点示范区指标
	土地	耕地面积	约束性、定量	市域	绿色发展指标
		建设用地面积占比	约束性、定量	城区	绿色发展指标
生态人居优美	绿地	建成区绿地率	约束性、定量	建成区	绿色发展指标
		人均公共绿地面积	约束性、定量	建成区	城市高质量发展研究体系
		15 分钟生活圈绿地可达	预期性、定性	中心城区	城市居住区规划设计标准

目标层	准则层	指标层	性质	范围	指标依据
	污水	生活污水处理率	约束性、定量	市域	绿色发展指标
	垃圾	生活垃圾无害化处理率	约束性、定量	市域	绿色发展指标
	厕所	农村卫生厕所普及率	约束性、定量	农村	绿色发展指标
	产品	绿色产品市场占有率	预期性、定量	市域	绿色发展指标
	交通	绿色交通出行比例	预期性、定量	市域	生态文明建设试点示范区指标
	建筑	建筑能效达标率	预期性、定量	城区	各市生态环境规划

二 生态环境治理绩效评价方法

全面、有效的生态环境治理绩效评价体系须综合不同角度，即与长三角地区的整体水平相比、与自身历史相比、与其设定的目标相比。因此，从"时间性—空间性—复杂性"三元特征分析入手，如图5-3所示，本节基于水平、进步、差距三个角度建立生态环境治理绩效评价方法。

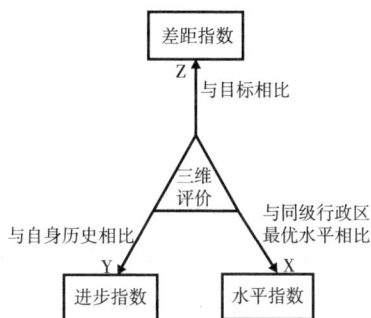

图5-3 基于"水平、进步、差距"三个角度的生态环境治理绩效评价

（一）水平指数

水平指数是指各城市指标值与其他城市相比的先进程度。

假设有 n 个评价城市，m 个子指标，第 i 个（$i=1,\cdots,n$）评价城市的第 j 项（$j=1,\cdots,m$）子指标值为 P_{ij}。无论子指标为正向指标还是逆向指标，若指标数值越大，则说明评价值越高。采用阈值法，对各指标值进行无量纲化处理，标准化为 [55,100]，即 55 为最低值（低于 60 为不及格），100 为最高值。计算过程如式 5-1 所示：

$$P_{ij}=\begin{cases}\dfrac{\max\limits_{1\leqslant i\leqslant n}p_{ij}-p_{ij}}{\max\limits_{1\leqslant i\leqslant n}p_{ij}-\min\limits_{1\leqslant i\leqslant n}p_{ij}}\times45+55 & \text{（逆向指标）}\\[4mm]\dfrac{p_{ij}-\min\limits_{1\leqslant i\leqslant n}p_{ij}}{\max\limits_{1\leqslant i\leqslant n}p_{ij}-\min\limits_{1\leqslant i\leqslant n}p_{ij}}\times45+55 & \text{（正向指标）}\end{cases} \tag{5-1}$$

上式中，P_{ij} 为评价城市 i 第 j 项指标的水平评价值，P_{ij} 为现状指标值。对各子指标进行加权平均，即为评价城市 i 的水平指数，如式 5-2 所示：

$$S_{i\text{水平}}=\sum_{j=1}^{m}w_{j}P_{ij} \tag{5-2}$$

上式中，$S_{i\text{水平}}$ 表示评价城市 i 的水平指数，w_{j} 表示 j 指标的权重。

（二）进步指数

进步指数是指各指标值与该城市历史水平相比的进步程度，体现该评价城市生态环境的进步程度。本章采用进步率，判断生态环境的进步程度，计算过程如式 5-3：

$$p_{ij} = \begin{cases} \dfrac{p'_{ij} - p''_{ij}}{p''_{ij}} & \text{（逆向指标）} \\[2ex] \dfrac{p'_{ij} - p''_{ij}}{p''_{ij}} & \text{（正向指标）} \end{cases} \qquad (5\text{-}3)$$

上式中，p_{ij} 为评价城市 i 第 j 项指标的进步率，p'_{ij} 为现状指标值，p''_{ij} 为较 p'_{ij} 早期（前五年）的指标值。

之后，采用阈值法，对进步率进行无量纲化处理，计算过程如式 5-4：

$$P_{ij} = \frac{p_{ij} - \min\limits_{1 \le i \le n} p_{ij}}{\max\limits_{1 \le i \le n} p_{ij} - \min\limits_{1 \le i \le n} p_{ij}} \times 45 + 55 \qquad (5\text{-}4)$$

上式中，p_{ij} 为评价城市 i 第 j 项指标的进步评价值。

对各子指标进行加权平均，即为评价城市 i 的进步指数，如式 5-5 所示：

$$S_{i进步} = \sum_{j=1}^{m} w_j P_{ij} \qquad (5\text{-}5)$$

上式中，$S_{i水平}$ 表示评价城市 i 的进步指数，w_j 表示 j 指标的权重。

（三）差距指数

差距指数，顾名思义，是指各指标值与目标的差距值，由于数据可得等问题，在实际应用中，目标值的获得可以有三种思路：一是与该城市总体规划及生态环境规划等相关规划设置目标值的差距，即表示该评价城市目标的完成情况。二是与全国该指标最优值的差距；三是与自身榜样城市（如发达国家诸城市）的差距。根据数据可得的实际情况，可选择任意一种进行计算。

采用阈值法，对各指标值进行无量纲化处理，计算过程如式
5-6 所示：

$$P_{ij} = \begin{cases} \dfrac{p'_{ij} - p_{ij}}{\max\limits_{1 \leq i \leq n} p_{ij} - \min\limits_{1 \leq i \leq n} p_{ij}} \times 45 + 55 & （逆向指标） \\[4mm] \dfrac{p_{ij} - p'_{ij}}{\max\limits_{1 \leq i \leq n} p_{ij} - \min\limits_{1 \leq i \leq n} p_{ij}} \times 45 + 55 & （正向指标） \end{cases} \qquad (5\text{-}6)$$

上式中，p_{ij} 为评价城市 i 第 j 项指标的差距评价值，p'_{ij} 为目标值，p_{ij} 为现状指标值。

对各子指标进行加权平均，即为评价城市 i 的差距指数，如式 5-7 所示：

$$S_{i差距} = \sum_{j=1}^{m} w_j P_{ij} \qquad (5\text{-}7)$$

上式中，$S_{i差距}$ 表示评价城市 i 的差距指数，w_j 表示 j 指标的权重。

（四）综合指数

将差距指数及水平指数的算术平均值作为综合指数的基数，把进步指数化为修正系数，综合指数的基数乘以修正系数，即为综合指数，如式 5-8 所示：

$$I_{综合} = \frac{1}{2}（I_{水平} + I_{差距}） \times （\frac{I_{进步}}{100}） \qquad (5\text{-}8)$$

第五节　长三角地区 41 座城市评估案例

一　数据来源

本部分评估对象为长三角"三省一市"（浙江省、江苏省、安徽省、上海市）包含的 41 个城市，评估年份为 2010 年（"十一五"末）、2015 年（"十二五"末）、2017 年和 2019 年（"十三五"末）。

数据主要来源于《中国统计年鉴》、各省市统计年鉴、国民经济与社会发展公报、生态环境公报、各省市生态环境部门网站、公众环境研究中心公开数据。

本部分选取目前关注度较高的二氧化碳排放量和 PM_{10} 浓度两个指标进行分析。由于公开数据可得性问题，仅对水平指数和进步指数进行评价，暂不对差距指数进行评价。

二　绩效评价结果

长三角地区 41 个城市 2010 年、2015 年、2019 年二氧化碳排放量及 2015 年、2017 年、2019 年 PM_{10} 年均浓度水平及进步指数的排名情况详见表 5-2，具体指数趋势请详见后文表格及图片。需要说明的是，在本研究的计算方法下，指数排名趋势变动并不等同于指数趋势变动。例如某一城市三个年份水平指数不变，但由于其他城市该指标有好转趋势，进而导致在 41 个城市中可能出现水平指数排名下降的状况。

表5-2　长三角41座城市二氧化碳排放量和PM$_{10}$年均浓度指数排名

城市	二氧化碳排放量			PM$_{10}$年均浓度			城市	二氧化碳排放量			PM$_{10}$年均浓度		
	年份	水平指数排名	进步指数排名	年份	水平指数排名	进步指数排名		年份	水平指数排名	进步指数排名	年份	水平指数排名	进步指数排名
安庆	2010	18	20	2015	11	9	蚌埠	2010	7	25	2015	29	29
	2015	16	23	2017	22	12		2015	6	31	2017	35	29
	2019	13	5	2019	15	27		2019	5	22	2019	35	31
亳州	2010	2	27	2015	25	22	常州	2010	33	5	2015	37	34
	2015	2	32	2017	37	37		2015	33	16	2017	16	13
	2019	7	41	2019	38	33		2019	32	17	2019	24	3
池州	2010	10	39	2015	4	25	滁州	2010	11	7	2015	24	27
	2015	9	27	2017	31	38		2015	5	12	2017	28	25
	2019	4	2	2019	14	36		2019	12	39	2019	29	26
阜阳	2010	8	19	2015	12	24	杭州	2010	35	17	2015	20	18
	2015	10	35	2017	38	39		2015	35	15	2017	15	19
	2019	10	14	2019	36	37		2019	36	19	2019	20	24
合肥	2010	14	12	2015	31	8	湖州	2010	19	4	2015	14	2
	2015	30	39	2017	26	11		2015	22	21	2017	9	6
	2019	29	16	2019	22	9		2019	22	24	2019	11	8
淮安	2010	16	22	2015	35		淮北	2010	32	6	2015	30	14
	2015	24	30	2017				2015	37	33	2017	36	36
	2019	17	13	2019	31	16		2019	19	1	2019	37	32
淮南	2010	31	31	2015	22	15	黄山	2010	1	14	2015	1	19
	2015	32	20	2017	39	32		2015	1	38	2017	3	28
	2019	34	26	2019	39	35		2019	1	36	2019	2	28
嘉兴	2010	25	2	2015	15	10	金华	2010	24	24	2015	9	17
	2015	25	19	2017	13	24		2015	20	7	2017	5	8
	2019	28	29	2019	13	17		2019	24	28	2019	9	20

城市	二氧化碳排放量			PM₁₀年均浓度			城市	二氧化碳排放量			PM₁₀年均浓度		
	年份	水平指数排名	进步指数排名	年份	水平指数排名	进步指数排名		年份	水平指数排名	进步指数排名	年份	水平指数排名	进步指数排名
丽水	2010	3	21	2015	3	1	连云港	2010	13	13	2015	33	26
	2015	3	25	2017	2	2		2015	18	36	2017	18	7
	2019	2	30	2019	3	23		2019	14	4	2019	19	5
六安	2010	4	11	2015	28	35	马鞍山	2010	29	16	2015	23	21
	2015	4	37	2017	25	35		2015	26	18	2017	29	5
	2019	3	12	2019	28	25		2019	27	23	2019	23	22
南京	2010	37	29	2015	34	23	南通	2010	34	36	2015	26	32
	2015	36	6	2017	20	3		2015	31	3	2017	11	4
	2019	37	21	2019	25	6		2019	31	18	2019	10	1
宁波	2010	39	35	2015	8	3	衢州	2010	23	15	2015	6	6
	2015	39	22	2017	7	22		2015	19	17	2017	8	17
	2019	39	3	2019	5	4		2019	16	15	2019	7	12
上海	2010	41	8	2015	7	11	绍兴	2010	30	9	2015	18	7
	2015	41	14	2017	4	9		2015	28	13	2017	14	26
	2019	41	10	2019	4	2		2019	33	38	2019	18	14
苏州	2010	40	32	2015	16	16	宿迁	2010	9	38	2015	38	36
	2015	40	5	2017	12	10		2015	8	26	2017	21	31
	2019	40	37	2019	17	21		2019	9	25	2019	33	15
宿州	2010	6	33	2015	21	30	台州	2010	26	34	2015	5	12
	2015	7	34	2017	34	33		2015	13	1	2017	6	21
	2019	11	34	2019	34	34		2019	26	40	2019	6	18
泰州	2010	27	40	2015	36		铜陵	2010	17	37	2015	27	33
	2015	17	4	2017	24	14		2015	21	28	2017	30	30
	2019	23	32	2019				2019	15	6	2019	32	29

城市	二氧化碳排放量			PM$_{10}$年均浓度			城市	二氧化碳排放量			PM$_{10}$年均浓度		
	年份	水平指数排名	进步指数排名	年份	水平指数排名	进步指数排名		年份	水平指数排名	进步指数排名	年份	水平指数排名	进步指数排名
温州	2010	22	23	2015	10	5	无锡	2010	38	26	2015	32	31
	2015	15	11	2017	10	18		2015	34	2	2017	23	20
	2019	18	27	2019	8	7		2019	38	33	2019	26	10
芜湖	2010	21	30	2015	17	20	徐州	2010	36	10	2015	39	37
	2015	27	29	2017	27	27		2015	38	10	2017	40	34
	2019	20	7	2019	16	13		2019	35	9	2019		
宣城	2010	15	41	2015	13	28	盐城	2010	12	1	2015		
	2015	12	8	2017	19	23		2015	23	40	2017	17	15
	2019	7	8	2019	12	11		2019	25	31	2019	21	
扬州	2010	20	18	2015			镇江	2010	28	3	2015	19	13
	2015	14	9	2017	33			2015	29	24	2017	32	16
	2019	21	35	2019	27			2019	30	20	2019	30	30
舟山	2010	5	28	2015	2	4							
	2015	11	41	2017	1								
	2019	8	11	2019	1	19							

注：表中个别城市部分数据缺失。

（一）水平指数评价结果

采用上一章节所述水平指数计算公式对数据进行相关处理，可得到如下结果。

（1）二氧化碳排放量水平指数。由表5-3和图5-4可知，除了上海市这一超大城市之外，在"十二五""十三五"期间，其他城市的碳排放水平没有很大的差距，同一城市在不同时期的二氧化碳排放水平波动也并不明显。其中，二氧化碳排放量水平指数逐步上升（表示二氧化碳排放量减少，反之亦然）的城市有徐州市和宣城市，逐步下降的城市较多，有蚌埠市、亳州市等14个城市，先上升后下降的城市有滁州市、金华市、南京市等11个城市，先下降后上升的城市有安庆市、池州市等10个城市，基本保持不变的有黄山市、丽水市、衢州市、上海市4个城市。

表5-3　　　　　　　二氧化碳排放量水平指数不同变化趋势的城市

变化趋势	城市
逐步上升	徐州 宣城
逐步下降	蚌埠 亳州 常州 杭州 合肥 湖州 淮安 淮南 嘉兴 马鞍山 宿迁 宿州 盐城 镇江
先上升后下降	滁州 金华 南京 南通 绍兴 苏州 台州 泰州 温州 无锡 扬州
先下降后上升	安庆 池州 阜阳 淮北 连云港 六安 宁波 铜陵 芜湖 舟山
基本不变	黄山 丽水 衢州 上海

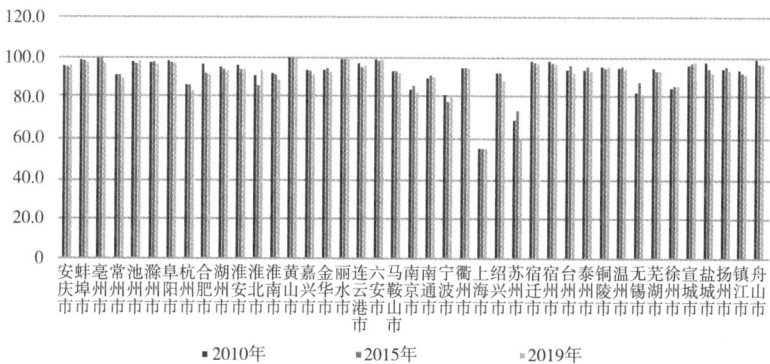

图5-4　2010年、2015年、2019年二氧化碳排放量水平指数比较

在"十二五""十三五"期间，二氧化碳排放量主要与城市

规模及产业结构相关，如黄山市、丽水市等规模较小、产业结构中传统重工业占比较小的城市，其二氧化碳排放量一直在长三角城市群中处于较低的位置。与之相反的是，上海市、苏州市、宁波市等规模大、工业发达的城市二氧化碳排放量一直较高，尤其是上海市这一超大城市，不仅承担了巨大的人口生活碳排放，而且作为重要的工业聚集地，工业碳排放也不容忽视，因此，大城市面临较大的减排压力。另外，不同年份的二氧化碳排放水平指数排名比较稳定，这也与不同城市的定位和发展模式较为固定有关，通过政策手段和治理方式影响的难度较大。

（2）PM_{10}年均浓度水平指数。由表5-4及图5-5可知，在"十三五"期间PM_{10}浓度水平指数逐步上升（即PM_{10}浓度降低，反之亦然）的城市有南通市、连云港市、泰州市和扬州市，逐步下降的有蚌埠市、亳州市等13个城市，指数先上升后下降的有常州市、丽水市、南京市和宿迁市，先下降后上升的城市有安庆市、池州市等17个城市，无锡市、徐州市和舟山市基本不变。

总体看来，在"十三五"期间，排名较高的是生态环境本底较好的城市，如黄山市、丽水市和舟山市等，而排名靠后的是亳州市、淮北市、淮南市等资源型城市以及传统工业占比较高的城市。其中，2019年水平指数排名最低的淮南市，如何解决传统的煤电产业带来的空气污染问题是一个重要命题。另外，长三角大部分城市在"十三五"期间，尤其是"十三五"后期，PM_{10}浓度有明显改善，这也是对2017年打响"蓝天保卫战"、国家着力解决空气污染问题的正面反馈。

表 5-4　　　　　　　　PM$_{10}$年均浓度水平指数不同变化趋势的城市

变化趋势	城市
逐步上升	连云港 南通 泰州 扬州
逐步下降	蚌埠 亳州 滁州 阜阳 杭州 淮安 淮北 淮南 六安 苏州 宿州 铜陵 盐城
先上升后下降	常州 丽水 南京 宿迁
先下降后上升	安庆 池州 合肥 湖州 黄山 嘉兴 金华 马鞍山 宁波 衢州 上海 绍兴 台州 温州 芜湖 宣城 镇江
基本不变	无锡 徐州 舟山

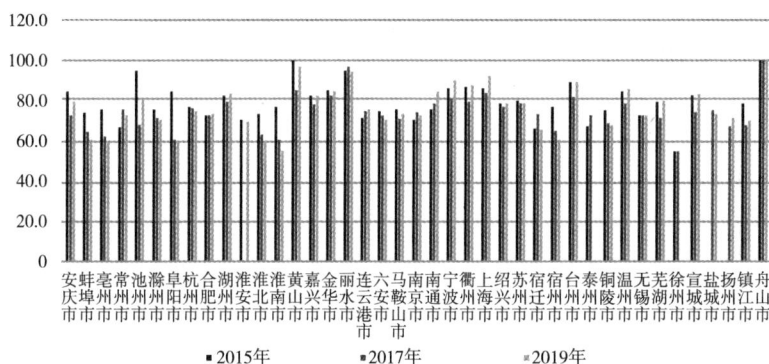

图 5-5　2015 年、2017 年、2019 年 PM$_{10}$年均浓度水平指数比较

（二）进步指数评价结果

采用上一章节所述进步指数计算公式对数据进行相关处理，可得到如下结果。

（1）二氧化碳排放量进步指数。根据表 5-5 和图 5-6 的进步指数排名，在"十三五"期间二氧化碳排放量进步指数逐步上升的城市有池州市和宁波市，逐步下降的有亳州市、常州市、滁州市等 17 个城市，指数先上升后下降的有金华市、南京市、南通市等 8 个城市，先下降后上升的城市有安庆市、蚌埠市、阜阳市等

14个城市。由表5-2可知，上海市、合肥市、南京市、杭州市等长三角中心城市的排名处于中上水平，与"十三五"期间产业结构转型、第三产业比重上升等因素有关。苏州市、无锡市作为两个经济发达城市的二氧化碳排放水平始终较高，需要引起有关部门的重视。纵向来看，较少城市在"十一五"到"十三五"期间都能保持二氧化碳排放缓慢增长，大部分都存在波动，尤其是"十二五"期间，长三角城市的二氧化碳排放整体处于较快增长。

表5-5　　　　　　　　二氧化碳排放量进步指数不同变化趋势的城市

变化趋势	城市
逐步上升	池州 宁波
逐步下降	亳州 常州 滁州 杭州 湖州 淮南 嘉兴 丽水 马鞍山 衢州 上海 绍兴 宿迁 温州 徐州 扬州 镇江
先上升后下降	金华 南京 南通 苏州 台州 泰州 无锡 宣城
先下降后上升	安庆 蚌埠 阜阳 合肥 淮安 淮北 黄山 连云港 六安 宿州 铜陵 芜湖 盐城 舟山

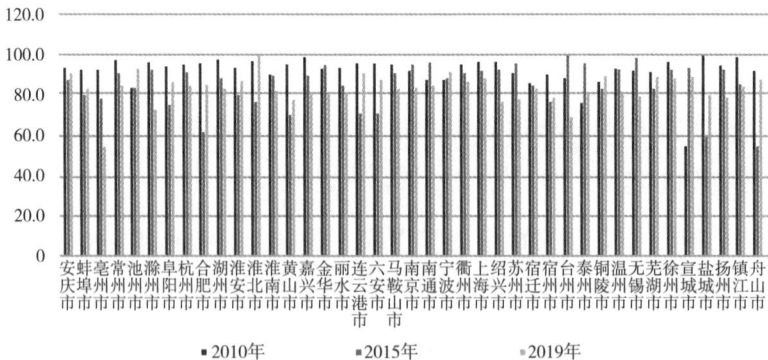

图5-6　2010年、2015年、2019年二氧化碳排放量进步指数比较

（2）PM_{10}年均浓度进步指数。根据表5-6和图5-7，长三角

城市整体上在"十三五"期间可吸入颗粒物浓度都得到了一定程度的改善，由大部分城市的进步指数先下降后上升可知，"十二五"后期和"十三五"后期的改善程度较为明显，这或与五年规划的指标考核压力有关。根据表5-2，从分布上看，2019年的进步指数排名较高的是常州市、南通市、上海市等，而进步指数排名落后的是池州市、阜阳市、淮南市、宿州市等安徽省城市，意味着安徽省需要在可吸入颗粒物（PM_{10}）和细颗粒物（$PM_{2.5}$）治理方面投入更大力度。

表5-6　　　　　　PM_{10}年均浓度进步指数不同变化趋势的城市

变化趋势	城市
逐步上升	常州 连云港 六安 马鞍山 南京 南通 宿迁 无锡 徐州
逐步下降	淮南 丽水 镇江
先上升后下降	舟山
先下降后上升	安庆 蚌埠 亳州 池州 滁州 阜阳 杭州 合肥 湖州 淮北 黄山 嘉兴 金华 宁波 衢州 上海 绍兴 苏州 宿州 台州 铜陵 温州 芜湖 宣城

注：由于缺乏数据，淮安、泰州、盐城、扬州四市无法得出趋势变化，暂不列入本表中。

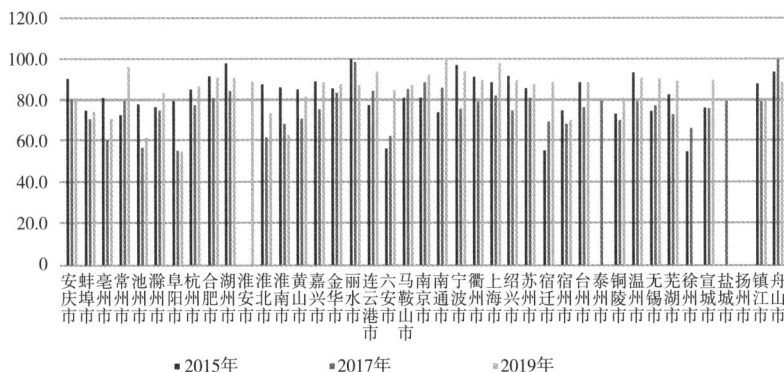

图5-7　2015年、2017年、2019年PM_{10}年均浓度进步指数比较

第六节　政策建议

基于以上评估框架及分析结果，本章分别从提升生态环境治理制度、能力、行为角度提出以下政策建议。

第一，推动长三角地区生态环境治理的制度协同建设。

立足于长三角地区当前面临的生态环境问题，协商制定跨省/市级行政区域的生态环境保护条例等地方立法，明确各地责任义务，推动生态环境立法由各自立法向联合立法转变。统筹制定各类规划，逐步打破行政边界，建立上下联动的多部门决策、管理机制，重点是"规制—规划"的制度协同机制，以形成协同推进环境治理"引导约束"并重的制度合力。

同时，以《长江三角洲区域一体化发展规划纲要》为契机，以具体实施方案和行动计划为抓手，针对目前环境质量差别明显的情况，对环境质量的改善设定统一要求，并采用相同的地方环境质量标准和排放标准体系以及测定方法。面向长三角各城市在绿色发展、高质量发展上的共同诉求，成立城市绿色发展联盟，制定城市绿色发展标准。

第二，以"引智"为重点落实生态环境治理的能力建设。

抓住长三角一体化的战略机遇，长三角各市之间进行优势互补、合作共赢，着力引进人才、科研机构、重大平台等外部资源。以高端人才为引领，统筹推进生态环保党政人才、专业技术人才和产业人才队伍建设，并重点突出生态环保急需紧缺专业人才和基层生态环保人才队伍建设。

加大智力支持和技术支撑，加大生态环境领域招商引资和产学研转化的力度，加强环境知识产权创造、保护和运用，通过向高质量、国际化的知识产权创造、保护和运营倾斜，加速知识产权工作由量向质转变，加速科研成果转化，促进环境技术产权交易，提高生态环境治理的能力，进一步提升生态环境治理的规范化和科学化水平。

第三，依靠"政府—企业—社会"互动形成生态环境治理行为约束管控机制。

在规划重点领域（流域共治、跨区域横向生态补偿等）和重点区域（长三角生态绿色一体化发展核心示范区），探索建立以党委政府为主导、企业为主体、社会组织和公众共同参与的环境协同治理体系，通过主体之间的相互约束、相互管制，形成良性互动的氛围，形成"自下而上"和"自上而下"双重力量的推动和融合，进而促使各主体行为落地。

具体而言，从环保部门的"小环保"向党委政府主导的"大环保"转变，落实"党政同责""一岗双责"，坚持"监测上收"与"督察下行"相结合。大力提升企业绿色竞争力，形成多元化环境治理融资渠道，构建完善绿色金融体系，建立并完善环境治理市场的调节和激励机制。完善第三方参与环境，推动环境知识和信息的传播以及环境法规政策的宣传，推进信息公开制度，推动非官方环保组织的发展，健全公众参与机制。

第六章

长三角地区绿色发展评估分析[*]

当前，中国已经进入改革开放进程中的攻坚克难阶段，同时我国社会的主要矛盾已经转化为人民日益增长的美好生活需要和不平衡不充分的发展之间的矛盾。国家在《中共中央关于制定国民经济和社会发展第十四个五年规划和二〇三五年远景目标的建议》中明确提到，要"坚持绿水青山就是金山银山理念，坚持尊重自然、顺应自然、保护自然，坚持节约优先、保护优先、自然恢复为主，守住自然生态安全边界。深入实施可持续发展战略，完善生态文明领域统筹协调机制，构建生态文明体系，促进经济社会发展全面绿色转型，建设人与自然和谐共生的现代化。"[②]

长三角城市群作为我国经济发展水平最高、城镇集聚程度最高的城市化地区之一，肩负着形成全国发展强劲活跃的增长极和全国高质量发展的样板区，率先实现现代化，打造区域一体化示

---

[*] 本章执笔人：李志青，复旦大学环境经济研究中心执行主任；胡时霖，复旦大学绿色金融研究中心研究助理；王启睿，复旦大学经济学院硕士研究生；吴西艳，复旦大学经济学院硕士研究生；蔡峻博，复旦大学经济学院本科生。

[②] 共产党员网，2020 年 11 月 3 日。https：//www. 12371. cn/2020/11/03/ARTI1604398127413120. shtml。

范区的重任。2019 年 10 月 25 日国务院批复了《长三角生态绿色一体化发展示范区总体方案》；11 月 19 日国家发展改革委正式发布《长三角生态绿色一体化发展示范区总体方案》；12 月 1 日中共中央、国务院正式印发了《长江三角洲区域一体化发展规划纲要》，标志着长三角一体化发展国家战略正式进入"施工"期。如何在一体化发展过程中探索出一条生态文明和经济社会发展建设相得益彰的新型发展道路，是长三角生态绿色一体化发展示范区乃至整个长三角地区务必回答的重要问题。

本章旨在通过构建绿色发展水平评价指标体系，对长三角地区发展绿色转型过程中的创新实践和成果等进行综合评估，通过横向比较长三角城市群的绿色发展现状，发现共性问题，总结可复制可推广的地方经验，并提出有针对性、可操作性的建议。

第一节　绿色发展的评价方法与指标体系

为了科学度量长三角地区的绿色发展水平，本章在方法和指标选取上参考了国内外众多权威机构的相关指标体系，结合长三角区域的发展特点和规划布局，构建了包含三个主要维度的绿色发展评价指标体系，并就维度来进行三个等级的指标拆分，包括 5 项一级指标，11 项二级指标以及 22 项三级指标（见表 6-1），以此作为评价方法来对长三角地区 41 个城市的绿色发展状况进行评价。

表 6-1   **城市级绿色发展评价指标体系**

一级指标	二级指标	三级指标	单位
1. 经济发展	1.1 经济增长	人均 GDP （+）	元
		地区生产总值增长率 （+）	%
	1.2 第三产业发展	第三产业劳动生产率 （+）	%
		第三产业占 GDP 比重 （+）	%
	1.3 科技创新	科技支出占财政支出比例 （+）	%
		单位 GDP 发明专利数 （+）	个/元
2. 自然禀赋	2.1 水资源	人均当地水资源量 （+）	立方米/人
	2.2 绿化资源	绿化覆盖率 （+）	%
		城市建成区绿地率 （+）	%
3. 节能减排	3.1 能源消耗	单位 GDP 能耗 （－）	吨标煤/元
		单位 GDP 工业用电 （－）	千瓦时/元
	3.2 污染排放	单位 GDP 工业废水排放量 （－）	吨/元
		单位 GDP 二氧化硫排放量 （－）	吨/元
		单位 GDP 工业烟尘排放量 （－）	吨/元
		单位土地面积工业烟尘排放量 （－）	吨/平方公里
		单位土地面积二氧化硫排放量 （－）	吨/平方公里
		固体废物未利用率 （－）	%

一级指标	二级指标	三级指标	单位
4. 环境质量	4.1 空气质量	PM2.5 （－）	微克/立方米
		空气质量非优良率 （－）	%
5. 污染治理	5.1 大气治理	单位 GDP 二氧化碳排放 （－）	吨/元
	5.2 水治理	城市污水未处理率	%
	5.3 垃圾处理	城市生活垃圾无害化未处理率 （－）	%

注：评价涉及的各项指标数据均来源于公开数据源，包括各地的统计公报与统计年鉴、政府网站和各类组织网站等。指标处理与权重设置依据变异系数法来实现。

长三角地区绿色发展评价包含以下三个维度：

（1）经济发展。包含经济增长、第三产业发展和科技创新三大类，主要表征该城市的经济发展绩效，以及产业和科技发展状况。该维度依据的逻辑是，公众和政府对于绿色发展的要求往往基于一定的经济和科技发展水平之上。

（2）自然环境。由自然禀赋和环境质量来组成，主要包含水资源、绿化资源和空气质量，表征该城市自然环境相关禀赋。该维度依据的逻辑是，某地区自然环境的现状由先天区位因素和后天对城市环境的改造共同作用形成。

（3）环境问题治理。由节能减排和污染治理来组成，主要包含大气、水、垃圾处置，表征该城市的环境治理措施及相关程度。该维度依据的逻辑是，对于能耗、污染等环境问题的治理可以反映该地区绿色发展水平，间接反映治理前的环境及能耗状况。

第二节　长三角城市绿色发展现状

从绿色发展总体评级结果上看，相比 2019 年，2020 年长三角地区城市绿色发展水平总体提升，同比提高九个百分点。但同时我们也注意到，长三角地区城市绿色发展水平呈现空间上不平衡的特点，省际差异以及城市间差异明显，呈现北弱南强、西弱东强的局面。就绿色发展排名而言，在排名后 50% 的城市中，除丽水市外，都是苏北地区和安徽省地区的城市。上海市以及浙江

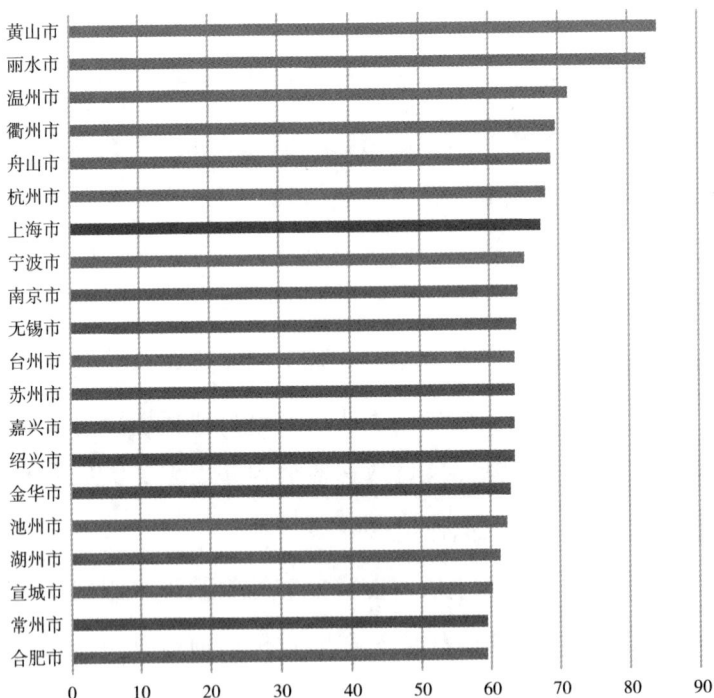

图 6-1　长三角地区城市绿色发展排名（前 20 名）

省表现较为优异，而江苏省和安徽省则相对较为落后。离最终的发展目标：保证在长三角地区每一个城市的居民都拥有相差不多的"绿色获得感"还有很长的一段路要走。

表6-2　　　　长三角地区城市绿色发展评级（前20名）

城市	评级	城市	评级
黄山市	A+	丽水市	A+
温州市	A+	衢州市	A
舟山市	A	杭州市	A
上海市	A	宁波市	A
南京市	A	无锡市	A
台州市	A	苏州市	A
嘉兴市	A	绍兴市	A
金华市	A	池州市	A
湖州市	A	宣城市	A
常州市	B+	合肥市	B+

注：评级标准：A+≥70，70>A≥60，60>B+≥50，50>B≥40，40>B-。

第三节　长三角绿色发展的特征与影响因素分析

一　地区内绿色发展不平衡问题突出，受自然区位差异和后天发展双重影响

从地域上看，上海市及其周边城市、省会城市和省内经济强市，包括苏州市、杭州市、宁波市等，拥有广义长三角省区的最高经济发展水平，其得分状况也普遍位居前列（见图6-2）。由此可知，这些城市的政府有更多的财力来扶持绿色产业经济的发展。而安徽省和苏北地区经济发展状况则不尽理想。

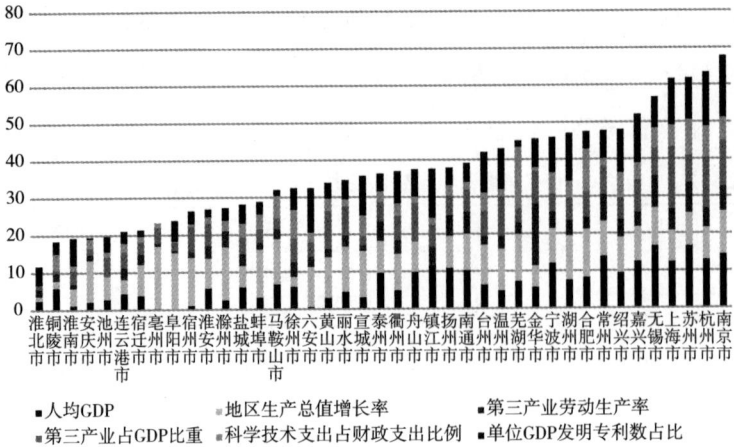

图6-2　长三角地区城市经济发展排名及得分构成

　　自然禀赋对于城市绿色发展水平的作用不容忽视。资源型城市依靠矿产资源禀赋大力发展相关产业，虽经济发展程度不低，但产业结构单一、污染物排放、生态破坏等问题对地区绿色发展产生严重阻力，在绿色发展上表现较为落后，如安徽省的亳州

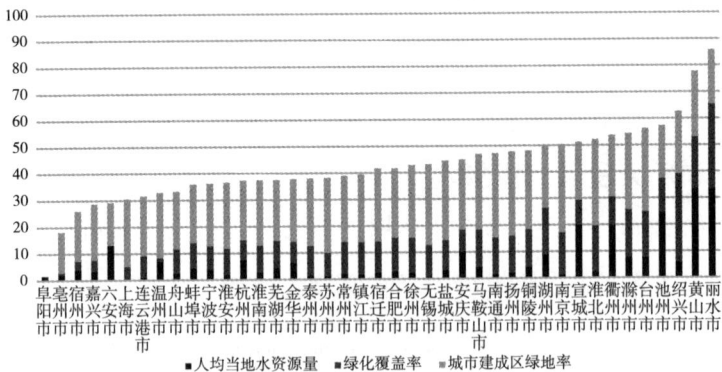

图6-3　长三角地区城市自然禀赋排名及得分构成

市、淮南市、铜陵市等城市，苏北地区的徐州市等。这也导致了这些城市在环境质量的表现中不尽如人意。从自然禀赋得分排名上看，靠海、近海的城市拥有更好的表现。这源于海运交通和海洋经济区位优势，有利于经济发展和绿色产业结构的塑造；海陆风的大气循环有助于大气污染物及时扩散，空气质量明显较好。代表城市有宁波市、台州市、温州市、舟山市等。此外，城市区域有高山、丘陵等地貌，自然保护工作较好的地区，环境质量也更优越，如黄山市、丽水市、金华市、池州市等。

环境质量方面，安徽省、苏北等资源工业地区环境质量在长三角地区排名靠后（见图6-4），但在污染治理方面，安徽的亳州市、蚌埠市、六安市等地则在长三角中名列前茅（见图6-5）。这说明即使安徽地区在污染治理方面近年来已卓有成效，但环境质量并未得到彻底改善，此后还须继续加强对环境质量的严格把

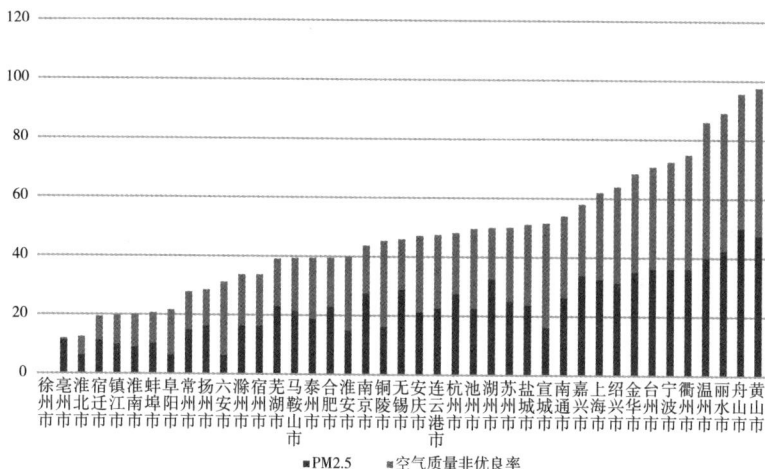

图6-4　长三角地区城市环境质量排名及得分构成

控。节能减排方面，马鞍山市、淮北市、无锡市等以工业为支柱型产业的城市评分较低，表明这些城市还须继续加大绿色产业的扶持力度，降低工业污染与排放（见图6-6）。

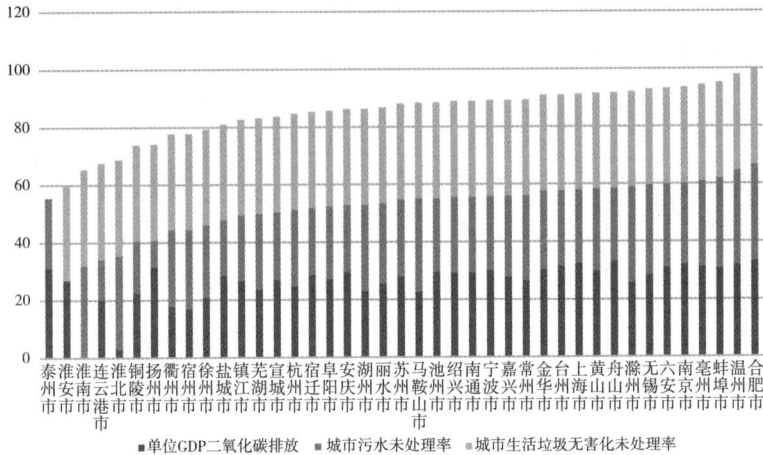

图6-5 长三角地区城市污染治理排名及得分构成

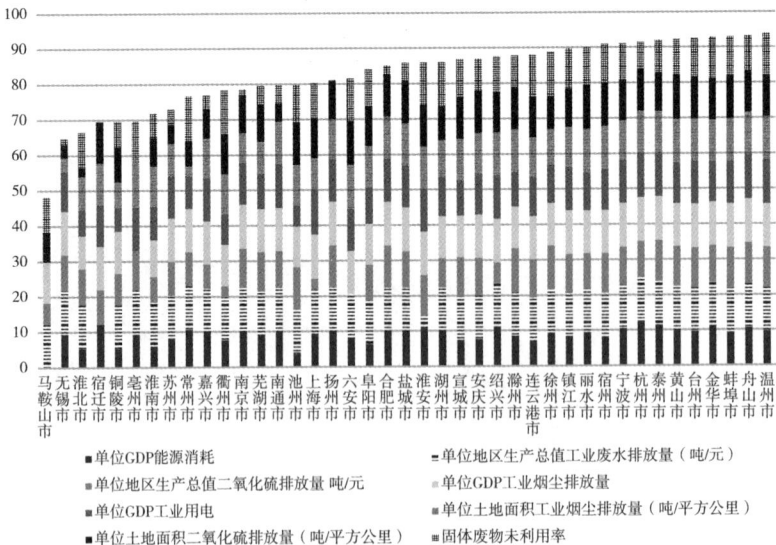

图6-6 长三角地区城市节能减排排名及得分构成

二　不同维度间绿色发展差异明显

长三角各城市因其地理条件、支柱产业等区位因素的不同，在不同的维度上存在短板。本章将"短板"定义为在一级指标中排名后 10 名的城市。表 6-3 中列出了在绿色发展综合得分中排名靠后的 20 个城市中一级指标短板分布，表 6-4 汇总了此 20 个城市的短板数。

表 6-3　　　　　　　　排名后 20 位城市短板指标

城市	省份	自然禀赋排名	环境质量排名	节能减排排名	污染治理排名	经济发展排名
亳州市	安徽省	√	√	√		√
淮安市	江苏省				√	
淮北市	安徽省		√	√		√
阜阳市	安徽省	√	√			√
宿迁市	江苏省		√	√	√	
淮南市	安徽省		√	√		√
扬州市	江苏省		√	√	√	
徐州市	江苏省		√			
连云港市	江苏省	√			√	
铜陵市	安徽省			√		
盐城市	江苏省				√	
泰州市	安徽省	√			√	
镇江市	江苏省	√	√			
宿州市	安徽省					
蚌埠市	安徽省		√			
安庆市	安徽省				√	√
滁州市	安徽省					√
芜湖市	安徽省					

续表

城市	省份	自然禀赋排名	环境质量排名	节能减排排名	污染治理排名	经济发展排名
马鞍山市	安徽省			√		
六安市	安徽省					√

注："√"项表示该指标为对应城市短板指标，且城市排序按照综合得分由低到高排序。

表6-4　　　　　　　　排名后20位城市按省份统计短板指标数

省份	城市数	自然禀赋短板指标数	环境质量短板指标数	节能减排短板指标数	污染治理短板指标数	经济发展短板指标数
安徽省	13	3	5	5	3	8
江苏省	7	2	4	2	6	0

在本章的指标体系下，综合排名靠后的城市基本都存在短板指标数，除了芜湖市。而实际上芜湖市在"环境质量"和"节能减排"指标上也表现不佳，分居倒数第14和第13，且在其他指标上排名居中，因而最终排名靠后。

从城市的因素短板合计数来看，综合排名后20的城市绿色发展水平受自然禀赋因素的制约作用较小，受其他因素影响较大，特别是"环境质量"和"污染治理"，其合计数均为9，"经济发展"次之为8，"节能减排"为7。但若结合优势数进行比较，发现个别城市在"节能减排"和"污染治理"因素中具有优势，但所有城市在"环境质量"和"经济发展"因素中均无优势，因而初步判定"环境质量"和"经济发展"是制约排名靠后城市绿色发展水平的主要因素。

与此同时，若以综合排名倒数第11的盐城市为参照，我们观察到盐城市两端的短板数分布密集程度有明显差异，初步反映综合排名后 10 位的城市受到五大因素制约的程度较强，特别是"节能减排""环境质量"和"经济发展"。结合前述"排名靠后的城市中在自然禀赋、节能减排和污染治理表现优秀，特别是第 10-20 名的城市"，初步反映等级在综合排名 10-30 名的城市间制约因素分布的不均衡。

将维度差异细化到省份更有助于分析长三角不同地区的具体情况，如表 6-3 所示。从全表看安徽省上榜数比江苏省多 6 个，但从综合排名后 10 位来看，两省份上榜数对半，初步反映江苏省城市之间绿色发展水平的不均衡，且制约因素主要为"环境质量"和"污染治理"。环境质量方面表现较差是因为苏北重工业比较发达，很多城市都形成了机械、化工、医药为主的产业区，空气污染问题相对严峻。关于污染治理，主要是污水未处理率表现较差，苏北中的淮安市、连云港市和盐城市在城市污水未处理率排名居于前 5 名。值得注意的还有连云港市和徐州市的单位 GDP 二氧化碳排放量位居前列。

综合排名后 10 名属于安徽省的城市主要分布在皖北，在自然禀赋和节能减排方面表现较差，制造业较发达但呈现经济发展和污染排放相辅相成的特点，属于传统的经济发展模式。在后 20 名排名较前的城市中，宿州市在绿地率、人均 GDP 和第三产业劳动生产率方面表现较差，而六安市主要在绿地率方面表现差，马鞍山市与皖北相似，绿色发展水平受到节能减排要求的制约，蚌埠市和滁州市则主要是因为人均 GDP 和第三产业占比受到经济发展因素的制约。

对于绿色发展水平较高的城市，也可以分析其优势所在，从而为其他城市的发展提供借鉴。本章将"优势"定义为在一级指标中排名前 10 名的城市。表 6-5 中列出了在绿色综合得分中排名靠前的 20 个城市中一级指标优势指标分布，表 6-6 汇总了此20 个城市的优势指标数。

表 6-5　　　　　　　　　　排名前 20 位城市优势指标

城市	省份	自然禀赋排名	环境质量排名	节能减排排名	污染治理排名	经济发展排名
黄山市	安徽省	√	√			
丽水市	浙江省	√	√			
温州市	浙江省		√	√	√	
衢州市	浙江省	√	√			
舟山市	浙江省		√	√		√
杭州市	浙江省					√
上海市	上海市		√			√
宁波市	浙江省		√	√		
南京市	江苏省					√
无锡市	江苏省				√	√
台州市	浙江省	√	√	√		
苏州市	江苏省					√
嘉兴市	浙江省					√
绍兴市	浙江省		√	√		
金华市	浙江省		√	√		
池州市	安徽省	√				
湖州市	浙江省	√			√	
宣城市	安徽省	√				

城市	省份	自然禀赋排名	环境质量排名	节能减排排名	污染治理排名	经济发展排名
常州市	江苏省					√
合肥市	安徽省				√	

注："√"项表示该指标为对应城市优势指标，且城市排序按照综合得分由高到低排序。

在本章的指标体系下，在排名前 10 的城市中"环境质量"和"经济发展"对绿色发展水平提高的贡献作用较大。前 5 名城市在"环境质量""自然禀赋"和"节能减排"方面有较大优势，但值得一提的是"经济发展"要素对前 5 名城市绿色发展水平却无明显贡献，对后 15 名城市贡献作用较大，而"环境质量"和"节能减排"因素对前 20 中的后 5 所城市也无明显贡献，特别指出的是环境质量还是常州市的短板指标。

结合短板和优势指标结果，注意到自然禀赋是上海市、南京市、无锡市、苏州市和南通市的短板指标，由此可见自然禀赋对绿色发展水平的负面影响相对较小。

表 6-6 将维度差异细化到省份和直辖市层面。浙江省在绿色发展方面表现突出，主要表现在环境质量和节能减排上。这是由于近年来政府重视绿色发展，节能减排与环境质量保护工作出色。值得注意的是，相较于 2019 年的结果，2020 年浙江省在经济发展排名中的上榜数从 2 个上升至了 4 个。这一变化表明尽管省内经济发展不平衡的情况仍然存在，但各市间经济发展的差距正在缩小。

表 6-6 　　　　　　　　排名前 20 位城市按省份统计优势指标数

	城市数	自然禀赋优势指标数	环境质量优势指标数	节能减排优势指标数	污染治理优势指标数	经济发展优势指标数
浙江省	11	4	8	6	2	4
上海市	1	0	1	0	0	1
江苏省	4	0	0	0	1	4
安徽省	4	3	1	0	1	0

上海市在经济发展和产业结构方面拥有长三角其他城市不可比拟的优势，但由于常住人口多于 2400 万，且市域范围较小，自然资源总量较少，人均自然资源较为匮乏，一定程度上制约了绿色发展的空间。因此，上海应积极参与长三角区域一体化发展战略，一方面利用自身发展优势，在经济、金融、科创等领域发挥辐射带动作用，另一方面加强区域间资源要素的市场化配置与流通，推动区域绿色高质量发展。

江苏省优势在于苏南地区占据长三角城市群中多数城市，经济高度发达，产业结构也较为合理。虽然江苏省近几年持续加大污染防治力度，但地区城市病仍然不能忽视，空气质量需要持续改善，也应进一步加强节能减排。

安徽省皖南地区拥有黄山、九华山等著名自然旅游景点，黄山市、池州市等城市依靠自然禀赋发展生态旅游业，成为长三角地区绿色发展的模范城市。同时，安庆市等工业城市逐渐开始注重环境治理，聚力"三大攻坚战"，在环境问题的解决上有了长足的进步。虽然整体上安徽省的绿色发展水平在长三角地区处于末位，但绿色发展理念逐渐深入人心，产业结构调整和相关环境治理的规划使该省的绿色发展道路逐渐清晰。

本章还着重关注了绿色发展得分排名前5名以及后5名的城市表现，并细化分析其二级指标表现（见表6-7、表6-8）。

表6-7　　　　排名前5名城市一级指标、二级指标优势短板分析

	一级指标优势	一级指标短板	二级指标优势	二级指标短板
黄山市	自然禀赋、自然环境	/	水资源、绿化资源、空气质量	/
丽水市	自然禀赋、环境质量	/	水资源、绿化资源、空气质量	/
温州市	环境质量、节能减排、污染治理	/	空气质量、污染排放、大气治理、水治理、垃圾处置	/
衢州市	自然禀赋、环境质量	/	水资源、空气质量	/
舟山市	环境质量、节能减排、经济发展	/	空气质量、第三产业发展	/

注：城市排名按照绿色发展得分由高到低排列。

表6-8　　　　排名后5名城市一级指标、二级指标优势短板分析

	一级指标优势	一级指标短板	二级指标优势	二级指标短板
亳州市	污染治理	自然禀赋、环境质量、节能减排、经济发展	大气治理、水治理、垃圾处置	绿化资源、空气质量、污染排放、经济增长、第三产业发展、科技创新
淮安市	/	环境质量	/	空气质量
淮北市	污染治理	环境质量、节能减排、经济发展	水治理、垃圾处置	空气质量、能源消耗、污染排放、经济增长、第三产业发展、科技创新

城市	一级指标优势	一级指标短板	二级指标优势	二级指标短板
阜阳市	/	自然禀赋、环境质量、经济发展	/	水资源、绿化资源、空气质量、经济增长、第三产业发展、科技创新
宿迁市	/	环境质量、节能减排、污染治理	/	空气质量、能源消耗、污染排放、水治理

注：城市排名按照绿色发展得分由低到高排列。

在得分排名前 5 名的城市中，前两名的城市依靠优越的自然禀赋和环境、空气质量，在绿色发展中占得上风。黄山市作为长三角旅游中心城市和国家森林城市，自然禀赋优越；该市围绕自然环境和生态保护大力发展旅游业，是以自然禀赋为基础实现绿色发展的典范。丽水市则被称为"浙江绿谷"，是中国优秀生态旅游城市，市内以丘陵地形为主，森林覆盖率高，自然条件优越，其指标特点和发展劣势与黄山市十分接近。排名 3-5 名的城市则各有特色，但共性是都十分重视生态环境保护。温州市在着力义务教学办学体制改革和村社规模优化调整的同时深入实施生态环保基础设施提升三年行动，全力建设绿色温州美好家园，在 2018 年成功跻身长三角一体化发展中心城市；衢州市虽然经济发展上较为逊色，但重视节能减排和污染治理，拥有较好的环境质量，公众的绿色获得感较强；舟山不仅持续优化产业结构、推动经济稳中有进，而且实施蓝天保卫战十大专项行动，空气质量领跑全国。

在得分排名后 5 名的城市中，资源型城市占据两位。淮北市和宿迁市是江淮地区重要的资源型工业城市，早期依靠矿产资源发展采掘业、矿产加工业等高污染高能耗产业，逐渐形成依赖，产业结构较单一，短期不仅导致城市环境质量较差，长期同样拖累经济的持续增长。对此，资源型城市应谋求产业转型，走绿色发展道路，将能源结构向清洁能源方向转变；同时积极进行环境治理和节能减排，使绿水青山得以重现。其余三市面临的问题较为相似，虽然近年在环境问题整改上有持续的进展，但对比长三角其他省份，其在环境保护上的投入力度应进一步加大以解决空气污染、污染排放严重等问题。此外，亳州市与阜阳市在产业结构转型升级以及科技创新方面的落后现状也在很大程度上阻碍了两市的绿色发展进程。

第四节　长三角绿色发展的政策建议

围绕上文对长三角整体及分地区的绿色发展现状测度评估，以及短板和挑战分析，为进一步优化长三角绿色发展路径，推进经济社会发展的全面绿色转型，本章建议从以下几个方面加强工作。

一是坚持绿色发展，助力经济复苏。受新冠肺炎疫情冲击，短期经济发展面临巨大压力，经济结构和产业结构的转型升级越加困难，受此影响，环境与经济之间微妙的平衡关系将面临严峻考验，生态环境的有效保护和治理越加困难。为避免重走牺牲环境发展经济的老路，势必要重建生态与经济之间的平衡关系。长三角地区在新时期绿色发展中应摒弃经济至上的传统发展理念，转而以扩大经济增量为主要的途径来逐步提高国民经济的绿色性。要树立环境与经济相统一的理念，通过绿色发展助力经济

"绿色复苏"。

二是加快落实区域发展战略，强化对外开放和联通。在以国内大循环为主体、国内国际双循环相互促进的新发展格局中，长三角地区各省市既要注重自身发展规划，同时也应当强化与国家发展战略布局的对接与联系。形成各项规划相互衔接、有机统一的规划体系，更好发挥规划引领作用。加强与周边省市的互动，促进在产业转移、技术交流和人才引进等方面的合作，积极吸纳周边区域的先进制度与理念；同时加快构建对外开放重要平台，全面提升对外开放能级。

三是通过生态产品价值转化，提高生态环境治理成效。落实长江经济带发展要"共抓大保护、不搞大开发"的要求，开发城市生态环境资产评估方法学，探索可持续的生态产品价值实现路径，使用经济手段来保护生态环境，通过生态产品价值实现促进"两山"转化。发挥金融在生态产品价值实现中的支撑作用，最终把生态优势、资源优势转化为竞争优势、产业优势，实现经济效益、社会效益与生态效益统一共赢。

四是强化环境信息统计，推动环境风险评估高效开展。提升环境统计能力，加强对重点指标的统计数据获取水平，将小微企业纳入环境统计范围，梳理污染物排放数据，大力开展环境统计研究，鼓励利用统计数据开展各类研究，特别是围绕生态优先、绿色发展面临的重大问题加强研究，逐步实现各套数据的整合和归真。建立生态环境监测信息统一发布机制和信息公开平台，健全反馈机制，不断丰富生态环境监测信息内涵。进一步加强环保部门与其他职能部门的职责联动，加大跨部门数据信息资源的共享，保障评估基础数据源的充足、全面和准确。鼓励辖内上市企业和重点企业加快 ESG 信息披露探索和试点。加大对区域环境风险评估第三方评估机构和有关专家的专业筛选，促进评估工作水平的整体提升。

五是强化产融结合，推动绿色金融促进经济社会发展全面绿色转型。充分发挥绿色金融的资本要素配置导向作用。积极围绕金融服务实体经济要求，不断强化产融结合，以融促产的金融发展模式，不断提升对符合国家名录要求的绿色领域的支持力度。要进一步完善价格和财税体系，提高绿色经济、绿色产业、绿色生产经营活动的收益，或者提高非绿色经济活动的环境污染成本。提高绿色经济活动、投资项目的现金流和竞争力。结合财政政策与绿色金融，通过信贷贴息或风险补偿等方式，促进资金投向绿色经济、绿色产业、绿色企业项目。鼓励绿色信贷、绿色债券、绿色保险、绿色基金、绿色租赁、绿色服务、绿色证书交易等各种绿色金融工具和服务的运用和创新，充分发挥绿色金融服务长三角经济社会发展全面绿色转型的作用。

六是加大推进技术进步的力度，强化科技创新支撑。充分发挥长三角地区产业基础雄厚，各类科技创新平台众多的区位优势，借鉴国内外先进的绿色管理理念，充分发挥行业协会、企业、科研结构、高校等各方面力量在生态环保科研中的作用，深化产学研合作，加快推进生态环保科技创新，保证地区环境全要素生产率稳步提高，带动地区绿色经济发展。

七是大力发展绿色金融，支持成立各种以长三角为主题的绿色发展基金。适时推出国内首只以绿色长三角一体化为主题的基金产品——长三角一体化绿色 ETF。推动沪苏浙皖大型企业联合发起设立长三角绿色产业基金，投向长三角优质实体企业。推动长三角绿色金融交流合作。建立健全金融圆桌会议机制，共同编制长三角绿色金融指标体系及长三角绿色金融稳定季度指数。

第七章

2018—2020 年长三角一体化发展
政策出台与绩效评估*

政策评估一方面是检验政策效果、效益和效率的基本途径，也是决定政策继续、调整或终止的重要依据；另一方面，政策评估是有效配置资源的基础，同时也是决策科学化、民主化的必由之路。本章以长三角相关省市出台的各项政策为研究对象，综合利用数据采集、案卷研究、舆情分析等方法，围绕促进长三角一体化发展的相关政策开展评估评价，旨在检验三省一市在逐步健全区域政策协同机制、一体化政策实施进度、长三角地区民意感知等方面的情况，推动长三角区域政策制定、执行和评估的衔接。

本章通过公开网络渠道检索 2018—2020 年长三角地区 41 个地级及以上城市官方信息发布平台，包括政府门户网站、官方新闻网站、微信公众号、政务微博等，共搜集 5000 余条信息，形成基础数据，检索时间截至 2021 年 2 月。相关信息经清洗过滤，最终梳理出 96 项政策、169 条新闻媒体报道、3360 条舆情信息，并

---

* 牛军钰，复旦公共绩效与信息化研究中心主任研究员、博导；朱元婷，复旦大学公共绩效与信息化研究中心副主任；郑巧菲，复旦大学公共绩效与信息化研究中心项目主管。

在此基础上从政策出台、政策实施、政策感知三个维度对促进长三角一体化发展的相关政策开展了评价分析。

第一节　一体化政策出台情况

政策出台维度主要考察长三角相关省市围绕《长江三角洲区域一体化发展规划纲要》（以下简称《规划纲要》）推动形成"1+N"的规划和政策体系情况。以"长三角"为关键词，对2018—2020年三年来长三角地区41个地级及以上城市政务公开网站上所公布的相关政策进行搜集后，可以查询到公开的长三角相关政策共计96项，部分政策如图7-1所示。

序号	发文时间	发文机关	文件名	所属领域	覆盖面
1	2018/5/1	长三角区域合作办公室	《长三角地区一体化发展三年行动计划（2018—2020年）》	综合类	三省一市
2	2018/6/20		《关于建立长三角地区政府联动机制的协议》	综合类	三省一市
3	2020/3/27	示范区执行委员会 中国人民银行上海总部、南京分行、杭州	关于在长三角生态绿色一体化发展示范区深化落实金融支持政策推进先行先试的若干举措（示范区执委会〔2020〕3号）	示范区	示范区
4	2020/6/1	两省一市自然资源主管部门、苏州市、嘉兴市、青浦区、吴	《长三角生态绿色一体化发展示范区国土空间总体规划（2019—2035年）》草案	示范区	三省一市
5	2020/6/10	上海市人民政府、江苏省人民政府、浙江省人民政府	关于印发《关于支持长三角生态绿色一体化发展示范区高质量发展的若干政策措施》的通知（沪府规〔2020〕12号）	示范区	两省一市，重点示范区
6	2020/8/28	两省一市人民政府	关于印发《长三角生态绿色一体化发展示范区政府核准的投资项目目录（2020年本）》的通知（沪府规〔2020〕19号）	示范区	示范区
7	2020/9/9	上海市信用办 江苏省信用办 浙江省信用办	关于联合印发《长三角生态绿色一体化发展示范区公共信用信息互信标准（试行）》《长三角生态绿色一体化发展示范区公共信用信息报告标准	示范区	示范区
8	2020/9/16	长三角生态绿色一体化发展示范区执行委员会 上海市人力资	关于印发《长三角生态绿色一体化发展示范区专业技术人才资格和继续教育学时互认暂行办法》的通知（示范区执委会〔2020〕13号）	示范区	示范区（两市一区）
9	2020/10/19	上海市生态环境局 江苏省生态环境厅 浙江省生态环境厅 长	关于印发《长三角生态绿色一体化发展示范区生态环境管理"三统一"制度建设行动方案》的函（沪环〔2020〕223号）	示范区	示范区
10	2020/8/7	长三角生态示范区执委会 两省一市教育部门	《长三角生态绿色一体化发展示范区职业教育一体化平台建设方案》	示范区	示范区
11	2020/10/9	长三角生态绿色一体化发展示范区执委会、两省、江苏、浙	关于印发《长三角生态绿色一体化发展示范区统一企业登记标准实施意见》	示范区	示范区
12	2018/9/8	上海市社会信用建设办公室 上海市环境保护局 江苏省社会信用	关于印发《长三角地区环保领域实施信用奖惩合作备忘录》的通知（沪信用办〔2018〕6号）	生态环境	三省一市
13	2020/11/1	上海市社会信用建设办公室 上海市环境保护局 江苏省社会信用	关于印发《长三角区域生态环境领域实施信用奖惩合作备忘录（2020年版）》的通知	生态环境	三省一市
14	2018年	三省一市	《长三角区域环境保护标准协调统一工作备忘录》	生态环境	三省一市
15	2020/6/6	三省一市生态环境厅（局）	《协同推进长三角区域生态环境行政处罚裁量基准一体化工作备忘录》	生态环境	三省一市
16	2019年	上海保监局等金融G60科创走廊相关部门和长三角三省一市金	《金融支持长三角G60科创走廊先进制造业高质量发展综合服务方案》	区域发展	三省一市
17	2020/9/4	三省一市交通厅类、大数据管理部门	关于长三角地区交通运输电子证照互认事宜的通知（浙交发〔2020〕186	基础设施	三省一市
18	2018年		《长三角食品安全区域合作三年行动计划（2018—2020年）》	公共服务	三省一市
19	2018/6/5	上海市社会信用建设办公室 江苏省社会信用体系建设联席会议办	关于印发《长三角地区深化推进国家社会信用体系建设区域合作示范区建设行动方案（2018—2020年）》和《2018年重点工作责任分工表》的通知	公共服务	三省一市
20	2019/8/14	三省一市文旅厅局、信用办	关于印发《长三角地区旅游领域市场主体及其有关失信行为认定标准和联合惩戒措施（试行）》《长三角地区旅游领域市场主体及其有关严	公共服务	三省一市
21	2019/12/9	三省一市市场监管局	关于印发《长三角地区市场监管领域执法互助实施办法》的通知（沪市监竞争〔2019〕522号）	公共服务	三省一市
22	2019/12/17	三省一市市场监管局	关于印发《长三角地区共同开展"满意消费长三角"行动方案》的通知（沪市监保〔2019〕643号）	公共服务	三省一市

23	2020/2/13	三省一市药品监督管理局	关于发布《长江三角洲区域医疗器械注册人制度跨区域监管办法（试行）》的通知（沪药监械管〔2020〕67号）	公共服务	三省一市
24	2020/4/15	三省一市市场监督管理局	《2020年长三角产品质量联动监督抽查实施细则》	公共服务	三省一市
25	2020/6/10	长三角区域人防一体化发展联席会议办公室	关于印发《长三角"一网通办"人防行业从业企业信息咨询服务及人防设计、监理甲级资质企业在长三角地区开展业务备案工作方案》的通知（沪人防办〔2020〕号）	公共服务	三省一市
26	2020/7/1	国家税务总局上海市税务局 国家税务总局江苏省税务局 国家税务总局浙江省税务局	关于发布《长三角区域税务轻微违法行为"首违不罚"清单》的公告	公共服务	三省一市
27	2020/7/22	国家税务总局上海市税务局 江苏省税务局 浙江省税务局	关于印发《长三角区域对标提升税收管理环境升级版清单》的通知（沪税发〔2020〕73号）	公共服务	三省一市
28	2020/8/24	三省一市市场监督管理局 江西省市场监督局	关于印发《长三角质量提升示范试点建设工作方案》的通知（沪市监质发20200390号）	公共服务	三省一市
29	2020/9/10	三省一市	《长三角地区电子证照互认应用合作共识》	公共服务	三省一市
30	2020/10/9	国家税务总局上海市税务局 江苏省税务局 浙江省税务局 安徽省税务局	关于发布《长三角"最多跑一次"税务事项清单》的通知（沪税发〔2020〕89号）	公共服务	三省一市
31	2020/10/12	上海市民防办公室 江苏省人民防空办公室 浙江省人民防空办公室	关于印发《长三角"一网通办"人防事项办事指南》的通知（长人防联规〔2020〕4号）	公共服务	三省一市
32	2020/11/26	上海、江苏、浙江和安徽三省教育部门	《长三角一体化教育协同发展三年行动计划（2021-2023年）》	公共服务	三省一市
33	2020/12/8	三省一市市场监督局	关于制定发布《长三角区域电商平台服务合同（示范文本）》的通知（皖市监网〔2020〕1号）	公共服务	三省一市
34	2020/12/25	青浦、苏州、嘉兴三地城市管理和综合执法部门	《推进长三角城市管理与综合执法一体化发展十二条合作指引》	公共服务	青浦吴三地
35	2020/12/31	国家税务总局上海市税务局 江苏省税务局 浙江省税务局 安	关于印发《长江三角洲区域通办工作方案》的通知（沪税发〔2020〕112号）	公共服务	三省一市
36	2018年	三省一市残联	《长三角残疾人事业一体化发展战略合作框架协议》	公共服务	三省一市
37	2020/9/28	三省一市住房和城乡建设厅局	长三角三省一市筹建建筑业一体化发展框架协议	产业体系	三省一市
38	2020/9/28	三省一市体育管理部门联合印发	关于《长三角地区体育一体化高质量发展的若干意见》沪体办〔2020〕169号	公共服务	三省一市
39	2020/12/13	会议签署	《长三角地区教育更高质量一体化发展战略协作框架协议》	公共服务	三省一市
40	2020/4/16		《长三角一体化发展示范区电力行动白皮书（2020年）》	示范区	示范区
41	2019/4/22	中共虹口区委办公室虹口区人民政府办公室	印发《虹口区对接实施长三角区域一体化发展国家战略2019年重点工作安排》的通知（虹委办〔2019〕57号）	综合类	虹口区
42	2020/1/10	上海市人民政府	上海市贯彻《长江三角洲区域一体化发展规划纲要》实施方案	综合类	上海市
43	2020/7/31	上海市国有资产监督管理委员会	关于印发《本市国资国企服务长三角一体化发展的行动计划》的通知（沪国资委规〔2020〕182号）	综合类	上海市
44	2020/5/20	上海市青浦生态环境局	关于印发《长三角生态绿色一体化发展示范区环境监测联动工作方案》的通知	示范区	青浦区
45	2020/7/7	上海市青浦区生态环境局	关于印发《2020年青浦区长三角生态绿色一体化发展示范区生态环境工作计划》的通知（青环保〔2020〕38号）	示范区	青浦区
46	2019/1/31	上海市水务局	关于印发长三角经济核心区生产建设项目水土保持信息监管成果的通知（沪水务〔2019〕131号）	生态环境	上海市
47	2020/3/13	上海市松江区人民政府	《关于进一步深化"零距离"改革优化营商环境 推进长三角 G60科创走廊高质量发展的工作方案》（沪松府〔2020〕52号）	公共服务	松江区
48	2020/8/24	上海市民政局（上海市社会组织管理局）上海市人民政府合作交流办公室	关于开展长三角地区县级异地联办试点登记的通知（沪民社发〔2020〕5号）	公共服务	三省一市、重点城市上海
49	2019/11/25	上海市金山区经济委员会 上海市金山区财政局、上海市金	《金山区关于促进长三角名品牌展示基地建设的若干政策》的通知（金фин发〔2019〕76号）	产业体系	金山区
50	2019/2/22	宁波市人民政府办公厅	关于印发宁波市推进长三角合作近期工作要点的通知 甬政办〔2019〕23号	综合类	宁波市
51	2019/6/14	中共浙江省委 浙江省人民政府	关于印发《浙江省推进长江三角洲区域一体化发展行动方案》的通知	综合类	浙江省
52	2020/5/29	杭州市余杭区推进长三角一体化发展工作领导小组办公室	关于印发《余杭区推进长三角一体化发展2020年工作任务清单》等文件的通知	综合类	杭州市余杭区
53	2020/6/15	杭州市政府和舟山市政府	《长三角一体化背景下深化合作框架协议》	综合类	杭州市与舟山市
54	2020/7/30	嘉兴市市长三角发展办	嘉兴市关于支持共建长三角生态绿色一体化发展示范区的政策意见	综合类	嘉兴市
55	2019/10/15	丽水市发展和改革委员会	丽水市推进长三角一体化发展工作领导小组办公室关于印发丽水市全方位深度接轨上海高质量融入长三角工作任务分工方案的通知	综合类	丽水市
56	2020/2/19	浙江省嘉兴市嘉善县司法局	关于加强长三角一体化示范区司法行政保障疫情防控工作的十条意见	示范区	上海市、江苏省、浙江
57	2020/9/25	浙江省人民代表大会常务委员会	浙江省人民代表大会常务委员会关于促进和保障长三角生态绿色一体化发展示范区建设若干问题的决定	示范区	浙江省
58	2020/10/22	浙江省嘉兴市长三角发展办	关于印发《嘉兴市推进长三角生态环境保护一体化发展专项行动计划（2020-2025）》的通知	生态环境	嘉兴市

图7-1　长三角一体化政策示例

一　政策出台逐年累进，一体化进程制度保障不断增强

将 96 项长三角相关政策按出台年份划分，2018 年出台各类政

策 7 项，2019 年出台各类政策 18 项，2020 年出台各类政策 71 项。按关键节点划分，自 2018 年 11 月 5 日习近平总书记在首届进口博览会开幕式上提出支持长江三角洲区域一体化发展并上升为国家战略后，三省一市共出台政策 89 项，占 92.71%；2019 年 12 月 1 日《规划纲要》印发后，三省一市出台配套政策 10 项，占比 10.42%。总体上，三省一市长出台的三角一体化发展相关政策逐年推进，为长三角一体化高质量发展提供了较为有效全面的制度保障。

二 责任主体协同合作，2020 年联合发文量大幅增长

2018 年以来，江苏省、浙江省、安徽省、上海市、长三角区域合作办公室、长三角生态绿色一体化发展示范区执行委员会等相关部门协同合作，围绕"一体化"和"高质量"，谋划非常之举、出台非常之策，近 3 年来长三角地区相关部门协同出台政策共 40 项。按出台时间划分，2018 年长三角相关部门联合发文各类政策 7 项，2019 年联合发文各类政策 4 项，2020 年联合发文各类政策 29 项，占比 72.5%，较 2019 年增长 625%。2018—2020 年长三角地区相关部门联合发文情况详见图 7-2。

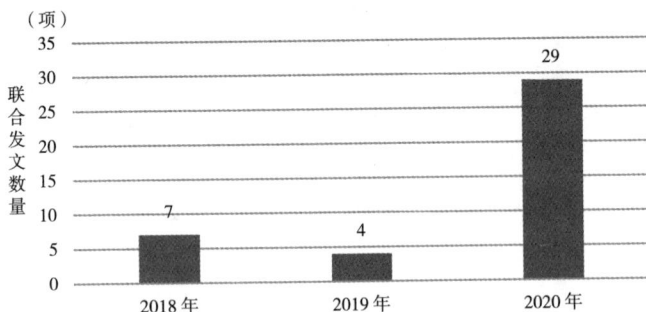

图 7-2 2018—2020 年长三角协同层面政策出台情况

三　建立健全区域一体化发展体制机制，加大公共服务领域政策力度

长三角地区相关部门联合发文的40项协同政策中，公共服务领域政策占比最高，达55%；其次是示范区类政策，占22.5%；综合类、区域发展类、产业体系类、基础设施类、生态环境类政策占比分别为5%、2.5%、2.5%、2.5%、10%。可见三省一市在公共服务领域协同力度较大，尤其是在信用领域、政务服务领域、市场监管领域出台政策较多，均为3项。

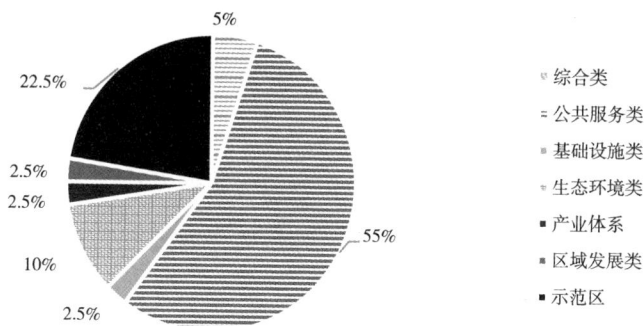

图7-3　长三角协同层面政策领域覆盖情况

四　省级层面：政策出台数量最多的省份为安徽省

2018—2020年三省一市共出台省市级政策56项，其中上海市、江苏省出台政策均为9项；浙江省出台政策17项。安徽省出台政策为21项，包括6项省级政策、15项市级政策，市级政策中六安市、淮北市出台政策最多，均为3项。可见安徽省作为新纳入长三角一体化的省份，近年来在促进长三角一体化高质量发

展过程中，政策层面后起直追，较为积极主动，其21项政策主要
集中在公共服务、产业体系、基础设施等领域，具体分布如图
7-4所示。

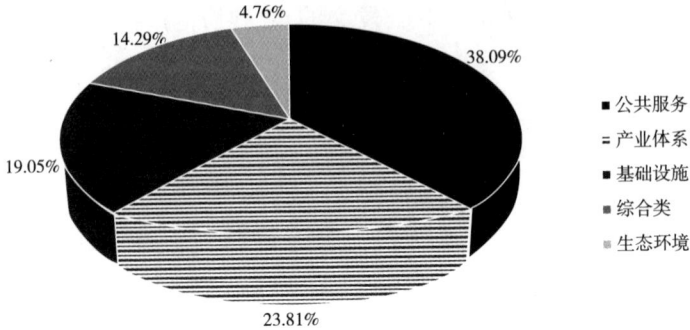

图7-4　安徽省出台政策覆盖领域情况

五　市（区）级层面：浙江省下辖市包揽政策出台数量前两名

对比三省一市下辖市区政策出台情况数据发现，各下辖市区近
三年来逐步细化省市级相关政策，并落实为各类细则，纷纷出台了
适应本市（区）发展的有关政策条文。具体如表7-1所示，在市
（区）层面，浙江省下辖嘉兴市、杭州市出台政策较多，分别为5
项和4项，其次是江苏省苏州市、安徽省六安市及淮北市，政策数
量均为3项，出台的政策主要集中在医疗、政务服务等与民生息息
相关的领域。

表7-1　　　　　　　三省一市市（区）级各层面政策出台情况

	市（区）	政策出台数量	排名
浙江省	嘉兴市	5	1
浙江省	杭州市	4	2

	市（区）	政策出台数量	排名
江苏省	苏州市	3	3
安徽省	六安市	3	3
安徽省	淮北市	3	3

六 政策领域基本覆盖，个别领域仍需进一步谋划设计

按照覆盖领域划分，三省一市出台的56项政策覆盖领域如表7-2所示，主要集中在综合类政策（如实施方案、行动计划、机制建设等）和公共服务类政策（如医疗、政务服务等），但基础设施类、区域发展类政策相对较少，上海市、浙江省近3年未出台与基础设施、区域发展相关的政策。总体上，围绕长三角一体化发展的关键领域，相关政策基本覆盖，下一步基础设施、区域发展等领域相关政策仍须进一步谋划设计与配套，综合类、公共服务类等政策关键在于已有政策的落实，从而推动形成促进长三角一体化发展的"1+N"政策体系。

表7-2　　　　　　三省一市各领域政策出台情况　　　　单位:%

	综合类	公共服务类	基础设施类	生态环境类	产业体系类	区域发展类	示范区类
上海市	33.33	22.22	0	11.11	11.11	0	22.22
江苏省	11.11	55.56	0	11.11	11.11	11.11	0
浙江省	35.29	35.29	0	5.88	11.76	0	11.76
安徽省	14.29	38.10	19.05	4.76	23.81	0	0

第二节 一体化政策实施情况

为更好地了解长三角相关政策的实施推进情况，本章利用 Python 爬虫技术从长三角地区 41 个地级市及以上城市官方信息发布渠道搜集有效信息 169 条，作为对一体化推进与落实相关信息的研究基础。

经分析发现，公共服务领域和基础设施领域推进信息公开情况较多，公开信息占比分别为 62.72%、21.30%，其次分别是生态环境领域、其他领域、区域发展领域，公开信息占比分别为 4.73%、4.14%、1.18%，各领域信息公开情况占比如图 7-5 所示。

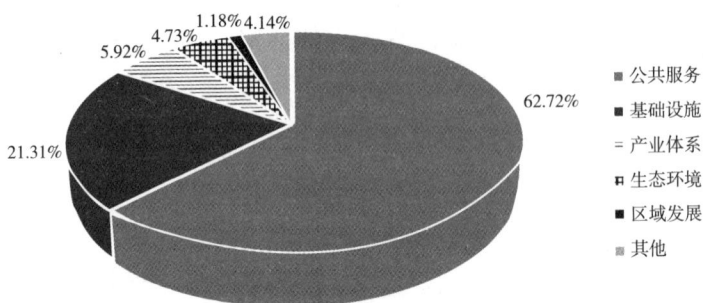

图 7-5 各领域信息公开情况

一 公共服务便利共享一体化取得显著突破

通过对公共服务领域媒体报道情况进行分析可以发现，2008—2020 年来，公共服务领域各项工作取得显著进步，政务服务、诚信、医疗是公共服务领域的热点话题，有关信息公开情况占比分别为33.96%、25.47%、13.21%，如图7-6所示。

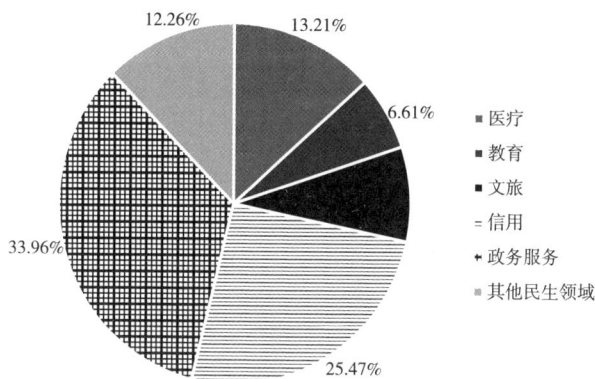

图7-6 公共服务领域信息公开情况

在政务服务领域，2019年5月，长三角地区在全国率先开通上线区域"一网通办"政务服务平台；2019年8月，江苏省法院成功受理全国首例长三角"一网通办"跨域立案案件。截至2020年8月，三省一市依托国家政务服务平台，推进电子证照共享互认，跨省法人认证5.48万次，个人认证62.54万次，三省一市政务服务APP实现身份证、驾驶证等15类证照亮证，证照共享6598次，电子亮证652.9万余次，实现65个服务事项跨省通办。覆盖长三角地区41个城市的政务服务中心已开设543个长三角"一网通办"线下专窗。全程网办办件420万余件，法人事项办件30万余件，个人事项办件390万余件。截至2021年1月，长三角地区实现了21类电子证照共享互认（具体清单如表7-3所示）。

表7-3   长三角区域电子证照互认共享清单

序号	证照名称
1	企业营业执照
2	居民身份证
3	驾驶证
4	结婚证
5	居住证
6	行驶证
7	出生医学证明
8	社会保障卡
9	离婚证
10	食品生产许可证
11	社会团体法人登记证书
12	民办非企业单位登记证书
13	基金法人登记证书
14	残疾人证
15	取水许可证
16	道路运输从业人员资格证（道路客、货运）
17	道路运输经营许可证（道路客、货运）
18	道路运输证（道路客、货运）
19	国内水路经营许可证
20	船舶营业运输证
21	内河船舶证书信息簿

在信用领域，三省一市着力推动区域信用信息共享、信用规制共建、信用监管共为、信用市场共育、信用品牌共铸。在信息共享方面，已建成"信用长三角"平台，归集三省一市生态环境、旅游、疫情防控等重点领域近70万条信用信息，实现按需共享、动态更新；在规制共建方面，推动形成区域趋同的信用制度框架体系；在监管共为方面，签订生态环境、旅游、食品药品、产品质量四大重点领域信用联动奖惩合作备忘录，构建失信行为标准互认、惩戒措施路径互通的区域信用联动监管机制；在市场共育方面，开展区域信用服务市场监管体系专题研究，引入信用服务机构参与区域信用合作以及政务诚信建设、"双公示"等重点工作评估，培育区域信用服务市场；在品牌共铸方面，长三角区域13市获评国家社会信用体系建设示范城市，占全国总数的46%，建立了长三角地区信用（行业）协会联席会议制度。

在医疗领域，长三角地区门诊费用跨省直接结算范围已覆盖长三角地区41个城市，覆盖5600余家医疗机构；长三角异地门诊累计结算114.7万人次，涉及医疗费用2.7亿元；长三角地区异地住院累计结算60.4万人次，涉及医疗费用151.4亿元。

在教育领域，三省一市充分发挥大中小教育资源联动共享优势，相关高校发起成立"长三角研究型大学联盟""长三角教育部重点基地联盟"，三省一市建立小学、初中、高中远程互动教学平台和远程互动教研平台，建立首批4家联合职业教育集团，成立长三角新劳动教育20校联盟等。

在养老领域，上海市13个区与苏浙皖三省27个市（区县）签署了区域养老服务协作备忘录，在文化旅游同城待遇、智慧养老产业协同、养老服务相关标准共享、养老服务经验交流等多个方面，为长三角区域的 41 个城市全面合作发挥了示范引领作用；长三角地区 20 个城市、57 家机构的 25698 张床位跨区域开放；在江苏省盐城市东台建设了长三角首个跨行政区康养政策协同试验区"长三角（东台）康养小镇"；长三角共有 43 所大中专院校设立了养老类相关专业，有 20000 余名在校学生，为养老行业储备了优秀人才。2021 年"长三角养老深化合作年"也顺利开启。

二 交通一体化推动基础设施互联互通

在交通领域，长三角联合推出 60 条"高铁+"旅游线路；安徽省芜湖市打通直达长三角超 80% 城市的高铁通道；浙江省实现了市民卡杭绍甬公交互通；杭州市萧山区"22688"模式加快融入长三角一体化发展，所谓"22688"交通大会战，包含了杭州市萧山机场和杭州市火车南站两个枢纽，两条杭州都市经济圈公路环线，6 条主城区轨道线路，8 条杭州城区快速路网的完善及延伸，还有大量主次干路对城市路网的补充完善。目前长三角地区交通运输一体化正在"加法变乘法"，谋篇布局世界级城市群。

三 协同创新产业体系为长三角一体化提供源动力

科创驱动、融合发展，随着全产业链协同发展格局逐步形成，越来越多的产业链上下游企业享受到长三角一体化发展的红利。截至 2020 年 11 月底，G60 科创走廊 9 个城市，市场主体总量从 286 万家上升到 805 万家，其中高新技术企业 2.1 万多家，占全国总数近十分之一，成为长三角区域一体化发展的一个重要动力源和创新策源地。

四 长三角一体化示范区建设加速推进

示范区揭牌成立一年多来，形成了 32 项具有开创性的制度创新成果；全力推进 60 个亮点项目；着力整合政府、市场和社会各界力量，构建形成了"业界共治、机构法定、市场运作"的跨域治理新格局，取得重要阶段性成果。截至 2021 年年底，长三角一体化示范区已实现外国高端人才互认；推动示范区人才资格互认，包括职业资格互认、职称互认、继续教育学时互认。打破停站壁垒、畅通交通末梢"最后一公里"，5 条跨省公交线路的开行，满足了更大范围的居民旅游观光、通勤探亲和购物就医等出行需求，2020 年累计发送客车 50517 班次，累计发送乘客 63.8 万人次。2021 年 1 月，示范区发布 20 项共建共享公共服务项目清单，涵盖了卫生健康（5 项）、医疗保障（4 项）、教育（1 项）、文化旅游（5 项）、公共体育（1 项）、养老（1 项）、公共交通（1 项）、政务服务（2 项）8 大领域。

第三节 一体化政策感知情况

网络舆情作为民意的"晴雨表"和"瞭望哨"，是反映与检验长三角一体化高质量发展成效的有效途径之一。本章通过对互联网上关于长三角一体化高质量发展这一国家战略，以及一体化示范区建设等关键热词所形成的舆论热点，进行人工采集、倾向性分析，力图呈现长三角发展舆情走势、网民的关注侧重点以及在政策推进实施过程中值得关注的问题。共收集 3360 条舆情数据，运用数据可视化工具，经数据清洗、文本预处理、文本特征提取后发现，舆情数据主要集中在经济、交通、生态、民生等领域，可见公众对长三角一体化带来的经济发展、交通便利、生态友好、民生改善等关注度、期盼度较高，透过舆情数据，探究长三角一体化高质量发展的问题与成效，从而对长三角国家战略，尤其是示范区建设，给出有价值的参考。

一　长三角整体网络舆情满意度水平达 80.36%

分析可见，长三角一体化的网络舆情整体满意度在一般满意以上的达 80.36%，具体如图 7-7 所示，网民对长三角一体化持非常满意态度占比为 14.58%，比较满意占比为 33.93%，一般满意占比为 31.85%，不满意占比为 15.77%，非常不满意占比为 3.87%。

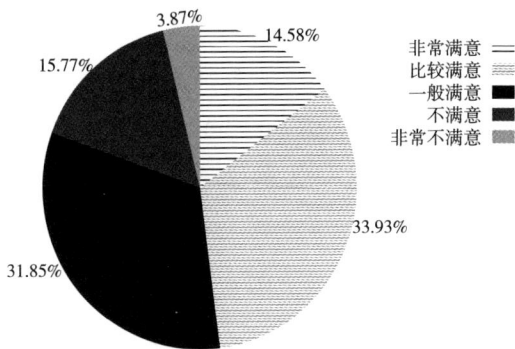

图 7-7　长三角一体化高质量发展舆情满意度

二　舆情关注度最高的是交通一体化与经济一体化

为进一步了解舆情关注倾向，本章从舆情信息中提炼出精华信息关键词，关键词能反映出舆情的关注点、情绪和认知。利用"文字云"进行可视化展现后可见，公众对经济、交通、民生、生态 4 大领域的关注度较高，关注占比分别为 27.38%、59.23%、

10.12%、3.27%（见图 7-8）。

图 7-8　长三角一体化高质量发展关键词云

三　经济一体化达非常满意的水平较高

通过对经济一体化关注的舆情信息单独分析（如图 7-9 所示），结果显示，舆情讨论最多的关键词有经济一体化、高速发展、务实政策、建设开发、均富、经济龙头、辐射带动等，可见公众对长三角一体化经济发展的期望较高。

图 7-9　经济领域关键词云

在经济领域舆情满意度情况调查显示（如图 7-10 所示），非常满意占比为 28.26%，比较满意占比为 36.09%，一般占比为

23.91%，不满意占比为 17.39%，非常不满意占比为 4.35%。数据可见，经济领域中非常满意和比较满意的水平明显高于整体舆情满意度水平。

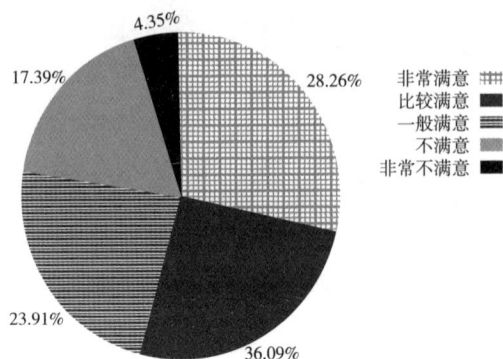

图 7-10　经济领域舆情满意度

通过国内三大城市群人均 GDP 泰尔指数的对比分析可以发现，长三角地区人均 GDP 泰尔指数最小，且呈现显著下降趋势，表明长三角区域经济发展最为协调，地区内经济发展差距不断缩小（如图 7-11 所示），说明长三角地区经济发展以及一体化的整体认知和认可度较高。

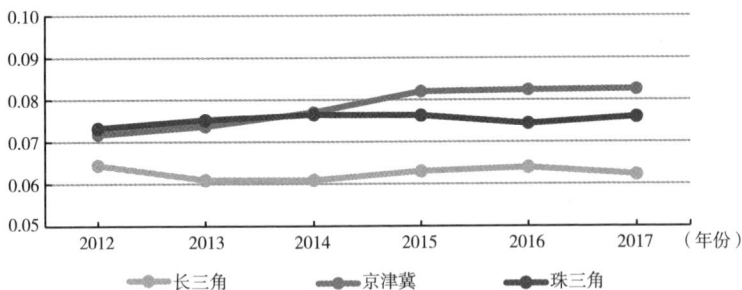

图 7-11　长三角、京津冀、珠三角地区人均 GDP 泰尔指数

注：长三角、京津冀数据来源各省（市）统计年鉴；珠三角数据来源于《粤港澳大湾区统计年鉴 2018》。

四 交通一体化关注度高、体验感强，须着力加强

基础设施互联互通是长三角一体化的关键任务之一。利用"文字云"进行可视化展现后可见，网民讨论较多的关键词有智能交通、电子购票、高效、港口建设、机场建设、跨江大桥、城市群、都市圈等（见图7-12）。

图7-12 交通领域关键词云

近年来长三角地区交通运输网密度逐步提升，随着《长三角地区一体化发展三年行动计划（2018-2020年）》的发布，以及各项"打通省际断头路""一小时通勤圈"工程的推进，公众也切实感受到了一体化取得的成果，长三角地区不断健全交通运输体系，进一步观察数据可以发现，长三角地区铁路密度高于公路密度，公路建设方面，长三角应聚焦打通省际断头路工作，进而提高省际通达能力（见图7-13）。

通过数据进行分析最终得出网民关于交通领域的满意度情况为：非常满意占比为8.54%，比较满意占比为37.69%，一般占比为33.17%，不满意占比为16.08%，非常不满意占比为4.5%（见图7-14）。

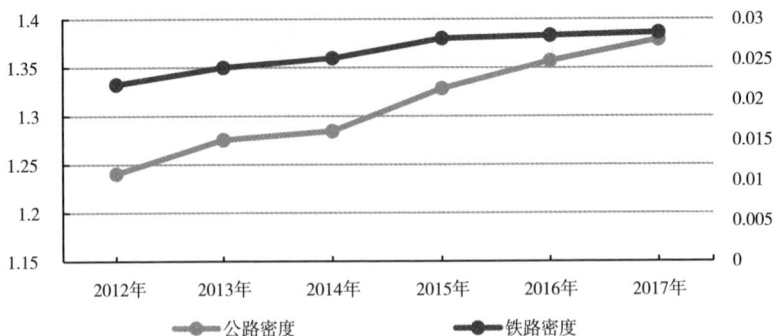

图 7-13　2012—2017 年长三角地区交通网密度

资料来源：三省一市《统计年鉴》。

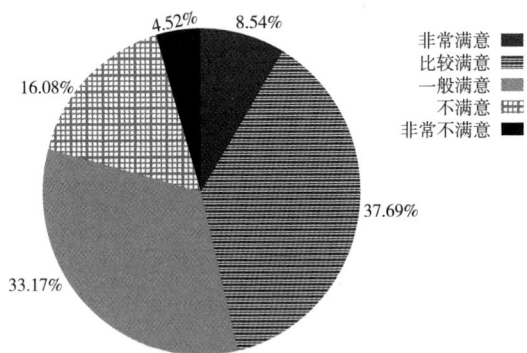

图 7-14　交通领域舆情满意度

五　民生关注热词为医疗与房价

通过对民生领域网民关注热点进一步分析后发现，公众对长三角一体化发展后的收入、消费、房价、医疗、就业、就学、人口等问题关注度较高。其中医疗与房价的舆情讨论较多（见图 7-15）。

图 7-15　民生领域关键词云

通过公开数据对比分析发现，2012—2017 年长三角地区医疗卫生供给水平逐步提高，这也给社会及民众带来最切实的获得感。2012—2017 年长三角地区每万人卫生技术人员数和每万人医疗机构床位数逐年增加，长三角医疗卫生服务供给能力不断提高。具体来看，长三角地区每万人卫生技术人员数从 52.61 人上升至 69.61 人，年平均增长率为 5.4%，每万人医疗机构床位数从 41.66 个增加至 56.47 个，年平均增长率为 5.9%（见图 7-16）。

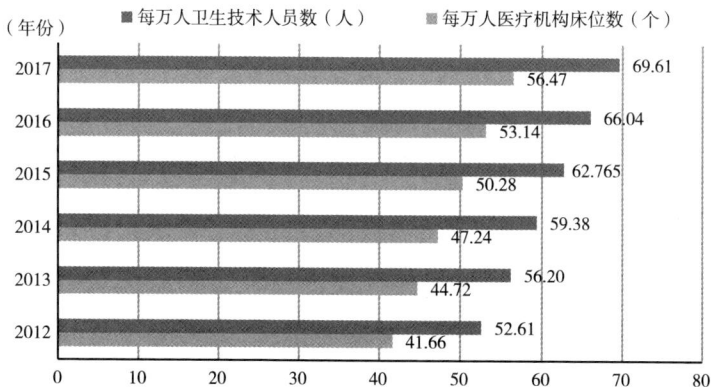

图 7-16　2012—2017 年长三角医疗卫生服务

但也有一部人对长三角一体化持担忧态度，尤其是房价方面，如舆论表示合肥市还没发展，房价先起来了；也有人表示一体化最基本的是社保医保户口的一体化，只有取消这些隔阂与人口自由流动的障碍，才能实现真正意义上的一体化都市圈。通过对数据进行分析最终得出网民关于民生领域的满意度如图 7-17 所示，非常满意占比为 14.71%，比较满意占比为 26.47%，一般占比为 47.06%，不满意占比为 11.76%。

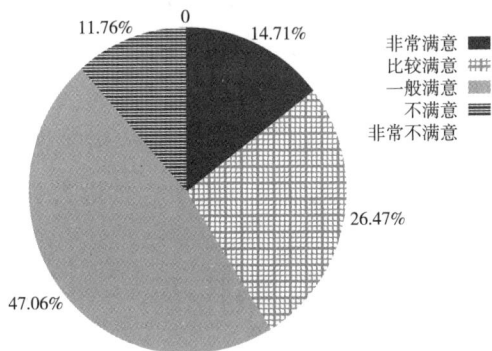

图 7-17　民生领域舆情满意度

六　舆情期盼长三角生态绿色发展

生态绿色发展是长三角示范区的一大特色，也是舆情关注的热点。在生态领域，网民讨论较多的关键词有城市环保、空气状况、水质量、绿色建设、垃圾分类、旅游区、PM2.5、工业污染等，在上海市推行垃圾分类后，长三角其他地区也有不少网民反映"希望尽快全国推行，支持保护环境"（见图 7-18）。

网民关于生态领域的满意度如图 7-19 所示，非常满意占比

图 7-18 生态领域关键词云

为 9.09%，比较满意占比为 54.55%，一般占比为 27.27%，不满意占比为 9.09%（见图 7-19）。

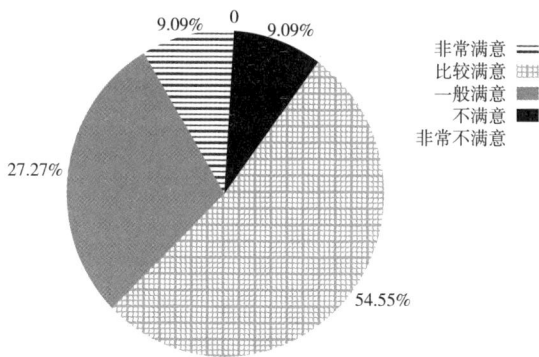

图 7-19 生态领域舆情满意度

七 舆情对经济社会热点呼吁较高

通过舆情分析可见，长三角经济领域满意度为 78.26%，交通领域满意度为 79.40%，民生领域满意度为 88.23%，生态领域满意度为 90.91%，网民整体满意度为 80.35%（见图 7-20），从侧面反映出长三角一体化高质量发展状况良好，民众获得感较高；但同时也要认识到，网民对"房价""均富""辐射带动""行政壁垒""对标世界"等呼吁较高，值得我们重点关注。

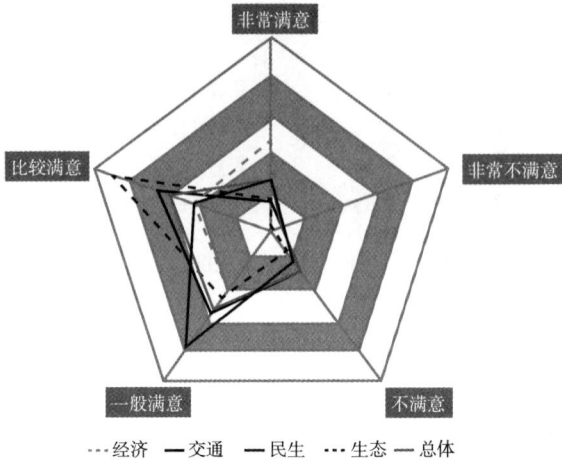

图7-20　长三角一体化发展各领域舆情满意度

第四节　结论及建议

综上分析可以发现，自 2018 年以来，长三角地区三省一市政策出台逐年累进，一体化进程制度保障不断增强，且在公共服务领域政策力度最大；责任主体协同合作，联合发文、协同推进政策实施，在公共服务便利共享一体化、基础设施互联互通、协同创新产业体系建设、长三角一体化示范区建设等方面取得显著突破；长三角地区网络舆情整体满意度水平达 80.36%，从侧面反映出长三角一体化高质量发展状况良好，民众获得感较高；交通一体化与经济一体化舆情关注度最高，医疗和房价为民生领域热词；网民对"绿色发展""房价""均富""辐射带动""行政壁垒""对标世界"等呼吁较高，值得我们重点关注。

随着长三角一体化进程的纵深推进，政策出台数量将不断增加，区域一体化发展体制机制将逐步健全完善，社会公众学习、就业、生活、社交与发展等各个方面将更加便利、高效。但长三角地区作为我国第一大经济体，在经济发展过程中不可避免地会碰到各种社会问题和社会矛盾，而且这些社会问题和社会矛盾往往是其他省份和地区没有形成或较少发生的。同时，由于长三角地区民众的受教育程度和参政议政意愿相对较高，他们更倾向于通过网络媒体进行意见表达和价值评判，从而形成网络舆情，如果相关部门处置不力，就可能形成网络舆情危机。因此，建议在一体化建设与政策设计实施过程中，一要建立健全政策意见征集机制，了解公众意愿与诉求，以便更好进行政策设计，提高公众满意度和获得感；二要加强对网络舆情的实时监测，关注舆情倾听民意，加强疏导与即时反馈处置；三要注意网络舆情甄别，去伪存真，加强正面引导，避免"水军"带节奏，扰乱网络秩序，干扰公众想法与态度；四要加强危机管理工作意识，提高危机应对水平，为长三角一体化和示范区建设发展提供优良的舆论环境。

参考文献

第一章　长三角一体化：产业发展与创新评估报告

[1] 张学良、李丽霞：《长三角区域产业一体化发展的困境摆脱》，《改革》2018 年第 12 期。

[2] 中共中央国务院：《长江三角洲区域一体化发展规划纲要》，2019 年 12 月 1 日。

[3] 踪家峰、曹敏：《地区专业化与产业地理集中的实证分析——以京津冀地区为例》，《厦门大学学报》（哲学社会科学版）2006 年第 5 期。

第二章　基于联通大数据的长三角人员流动一体化研究

[1] 胡国建、陈传明、金星星等：《中国城市体系网络化研究》，《地理学报》2019 年第 4 期。

[2] 李亚婷、潘少奇、苗长虹：《中原经济区县际经济联系网络结构及其演化特征》，《地理研究》2014 年第 7 期。

[3] 史雅娟、朱永彬、冯德显，等：《中原城市群多中心网络式空间发展模式研究》，《地理科学》2012 年第 12 期。

[4] 王少剑、高爽、王宇渠：《基于流空间视角的城市群空间结构研究：以珠三角城市群为例》，《地理研究》2019 年第 8 期。

［5］王雪微、赵梓渝、曹卫东等：《长三角城市群网络特征与省际边界效应——基于人口流动视角》，《地理研究》2021 年第 6 期。

［6］行伟波、李善同：《本地偏好、边界效应与市场一体化——基于中国地区间增值税流动数据的实证研究》，《经济学》（季刊）2009 年第 4 期。

［7］中共中央国务院：《长江三角洲区域一体化发展规划纲要》，http：//www. gov. cn/zhengce/2019-12/01/content_ 5457442. htm，2019 年 12 月 1 日。

［8］Borraz F, Cavallo A, Rigobon R, et al, "Distance and Political Boundaries: Estimating Border Effects under Inequality Constraints", *International Journal of Finance & Economics*, Vol. 21, No. 1, 2016.

［9］Eaton J, Kortum S, "Technology, Eeography, and Trade", *Econometrica*, Vol. 70, No. 5, 2002.

［10］Gallego N, Llano C, "The Border Effect and the Nonlinear Relationship between Trade and Distance", *Review of International Economics*, Vol. 22, No. 5, 2014.

［11］Helble M, "Border Effect Estimates for France and Germany Combining International Trade and Intranational Transport Flows", *Review of World Economics*, Vol. 143, No. 3, 2007.

［12］Ishise H, Matsuo M, "US‐Canada Border Effect between 1993 and 2007: Smaller, Less Asymmetrical, and Declining", *Review of World Economics*, Vol. 151, No. 2, 2015.

［13］Lancichinetti A, Fortunato S, "Community Detection Algorithms: A Comparative Analysis", *Physical review E*, Vol. 80, No. 5, 2009.

［14］McCallum J, "National Borders Matter: Canada – US Regional Trade Patterns", *The American Economic Review*, Vol. 85, No. 3, 1995.

［15］Nitsch V, "National Borders and International Trade: Evidence from the European Union", *Canadian Journal of Economics/ Revue canadienne d'économique*, Vol. 33, No. 4, 2000.

［16］Okubo T, "The Border Effect in the Japanese Market: A Gravity Model Analysis", *Journal of the Japanese and International Economies*, Vol. 18, No. 1, 2004.

［17］Poncet S, "Measuring Chinese Domestic and International Integration", *China Economic Review*, Vol. 14, No. 1, 2003.

［18］Tinbergen, J., *Shaping the World Economy: Suggestions for an International Economic Policy*, New York: Twentieth Century Fund, 1962.

第三章　国内大循环背景下上海市在长三角城市群消费网络中的地位与作用

［1］李涛、周锐：《长三角地区网络腹地划分的关联测度方法比较》，《地理学报》2016年2期。

［2］唐子来、李涛：《京津冀、长三角和珠三角地区的城市体系比较研究：基于企业关联网络的分析方法》，《上海城市规划》2014年第6期。

［3］唐子来、赵渺希：《经济全球化视角下长三角区域的城市体系演化：关联网络和价值区段的分析方法》，《城市规划学刊》2010 年第 1 期。

［4］Alderson A S, Beckfield J, "Power and Position in the World City System", *American Journal of sociology*, Vol. 109, No. 4, 2004, pp. 811-851.

［5］Taylor P, "Urban Hinterworlds: Geographies of Corporate service Provision under Conditions of Contemporary Globalization", *Geography*, 2001, pp. 51-60.

［6］Taylor, Peter J, Derudder, Ben, "World City Network: A Global Urban Analysis", *International Social Science Journal*, Vol. 31, No. 4, 2015, pp. 641-642.

第五章　长三角地区一体化生态环境治理评估

［1］丁素：《制度优势转化为治理效能的三重逻辑》，《学习论坛》2021 年第 2 期。

［2］丁志刚、李天云：《制度优势转化为治理效能：深层逻辑与核心机制》，《中共福建省委党校（福建行政学院）学报》2021 年第 2 期。

［3］郭进、徐盈之：《公众参与环境治理的逻辑、路径与效应》，《资源科学》2020 年第 7 期。

［4］胡乐明、刘刚：《制度优势与治理效能协同提升的理论逻辑与实现路径》，《当代经济研究》2021 年第 1 期。.

［5］卢艳齐：《从"善制"迈向"善治"：中国社会治理制度优势与治理效能的转化进路》，《广西社会科学》2021 年第

3 期。

　　[6]［英］路德林·大卫、尼古拉斯·福克：《营造 21 世纪的家园——可持续的城市邻里社区》，王健、单燕华译，中国建筑工业出版社 2005 年版。

　　[7] 祁海军：《地方政府社会治理能力评估——以河南省为例》，《学习论坛》2015 年第 8 期。

　　[8] 温志强：《制度优势转化为应急治理效能的方法与路径》，《中国应急管理》2021 年第 3 期。

　　[9] 张慧、高吉喜、宫继萍、张毅敏：《长三角地区生态环境保护形势、问题与建议》，《中国发展》2017 年第 2 期。

　　[10] 张兆安：《长三角一体化发展的新机遇与新挑战》，《人民论坛》2021 年第 11 期。

第六章　长三角地区绿色发展评估分析

　　[1] 曹颖、王金南、曹国志、曹东：《中国在全球环境绩效指数排名中持续偏后的原因分析》，《环境污染与防治》2010 年第 12 期。

　　[2] 黄茂兴、叶琪：《马克思主义绿色发展观与当代中国的绿色发展——兼评环境与发展不相容论》，《经济研究》2017 年第 6 期。

　　[3] 黄溶冰、赵谦：《自然资源核算——从账户到资产负债表：演进与启示》，《财经理论与实践》2015 年第 1 期。

　　[4] 黄跃、李琳：《中国城市群绿色发展水平综合测度与时空演化》，《地理研究》2017 年第 7 期。

　　[5] 黄志斌、姚灿、王新：《绿色发展理论基本概念及其相

互关系辨析》,《自然辩证法研究》2015 年第 8 期。

[6] 李金昌、史龙梅,徐蔼婷:《高质量发展评价指标体系探讨》,《统计研究》2019 年第 1 期。

[7] 祁毓、张靖妤:《生态治理与全球环境可持续性指标评述》,《国外社会科学》2015 年第 5 期。

[8] 邱琼:《绿色 GDP 核算研究综述》,《中国统计》2006 年第 9 期。

[9] 王玲玲、张艳国:《"绿色发展"内涵探微》,《社会主义研究》2012 年第 5 期。

[10] 吴优:《德国的环境经济核算》,《中国统计》2005 年第 6 期。

[11] 郑红霞、王毅、黄宝荣:《绿色发展评价指标体系研究综述》,《工业技术经济》2013 年第 2 期。

[12]《中央政治局主持会议 中央委员会总书记习近平作重要讲话》,人民网-人民日报,http://cpc.people.com.cn/GB/ht-tp:/cpc.people.com.cn/n1/2020/1030/c64094 - 31911721.html,2020 年 10 月 30 日。

[13] A Y Hoekstra, "Human Appropriation of Natural Capital: A Comparison of Ecological Footprint and Water Footprint Analysis", *Ecological Economics*, Vol. 68, No. 7, 2009, pp. 1963 —1974.

[14] Statistics Canada, "Concepts, Sources and Methods of the Canadian System of Environmental and Resource Account", 2006.

[15] UNEP, "Green Economy: Developing Countries Success Stories", *http://www.unep.org/pdf/green economy success stories.pdf*,

August 12，2016.

［16］ *United Nations*，" *Transforming our World*：*The* 2030 *Agenda for Sustainable Development* "，*https*：*//sustainabledevelopment. un. org/post*2015*/transformingourworld/publication*，2015.

［17］ *Wendling Z A*，*Emerson J W*，*De Sherbinin A*，*et al.*，"2020 *Environmental Performance Index*"，*epi. yale. edu.* 2020.

［18］ *World Commission on Environment and Development*，Our Common Future，*Oxford*：*Oxford University Press*，1987.

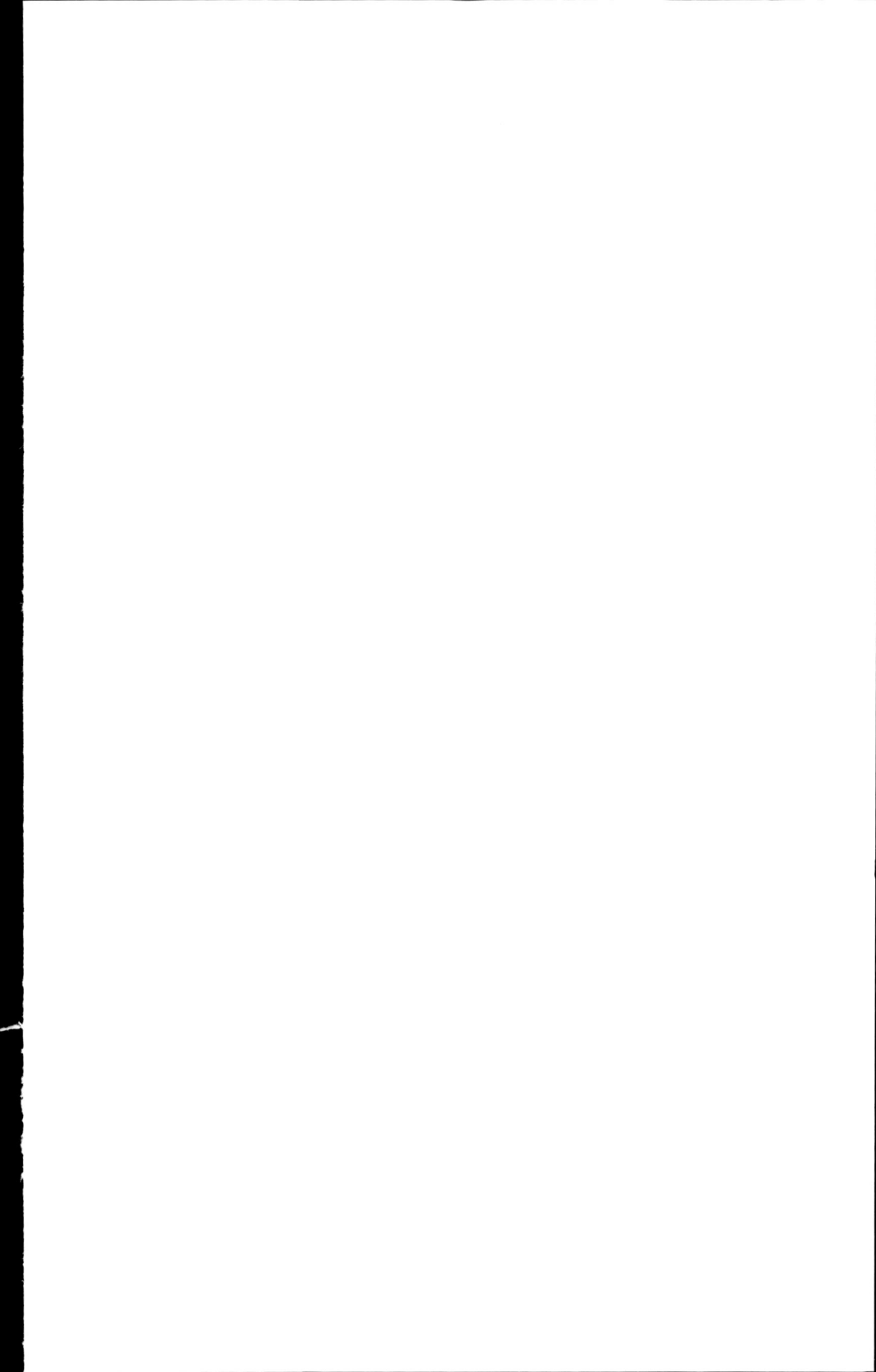